San Miguel de Liño

Guías del Prerrománico Asturiano

Lorenzo Arias

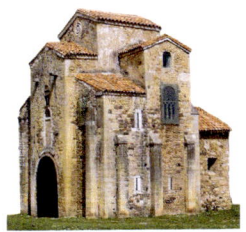

Ediciones Nobel

© Ediciones Nobel, S. A.
Centro Cívico Comercial.
C/ Carlos López Otín, s/n. 2ª Planta. Oficinas 2-3.
33005 Oviedo
www.edicionesnobel.com

© Textos:
Lorenzo Arias,
profesor de Historia del Arte de la Universidad de Oviedo

© Fotografías e ilustraciones:
Lorenzo Arias

Información práctica:
Xosé Firmu García Cosío

Diseño:
Luis Vallina

Maquetación:
Eva Zuazua Huerta

Impresión:
Liberdigital (Casarrubuelos, Madrid)

ISBN: 978-84-8459-822-0
Depósito legal: AS 03521-2025

Impreso en España

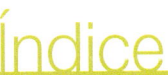

Índice

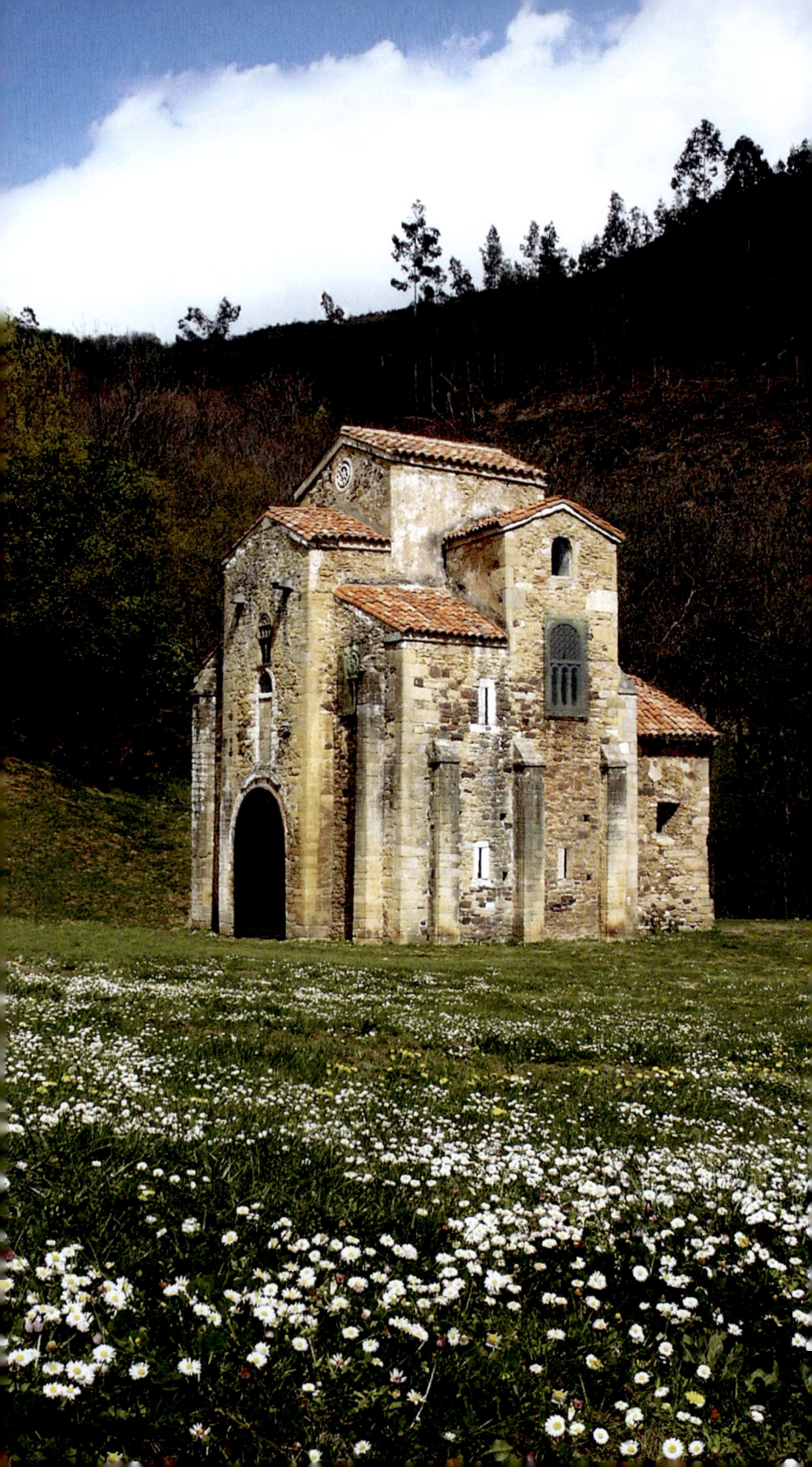

En el mismo monte Naranco que domina la ciudad de Oviedo, a pocos metros de Santa María, se levanta la iglesia de San Miguel de Liño, consagrada por Ramiro I y su esposa Paterna en el año 848, según la inscripción del ara que se conserva actualmente en el palacio del Naranco. La iglesia nos ha llegado conservada parcialmente puesto que, ya en la Edad Media, las dos terceras partes del edificio se hundieron por las malas condiciones del terreno, con lo que su estructura original se encuentra alterada. Su planta primitiva era basilical de tres naves, propia de las iglesias asturianas, cubiertas con bóveda de cañón en la mejor factura constructiva ramirense y con disposición del ámbito de arquerías apoyado en columnas (en sustitución del tradicional pilar asturiano) con una cabecera tripartita orientada al este y hoy destruida y un cuerpo de entrada con vestíbulo sobre el que se sitúa la tribuna regia abovedada.

Su fachada occidental, según Schlunk, representa la primera fachada monumental de una iglesia española.

Entre las peculiaridades de esta iglesia destaca la aparición, por primera vez en la pintura mural del arte asturiano, de la figura humana en un fresco, aunque estos se hallan en un avanzado estado de deterioro.

Introducción

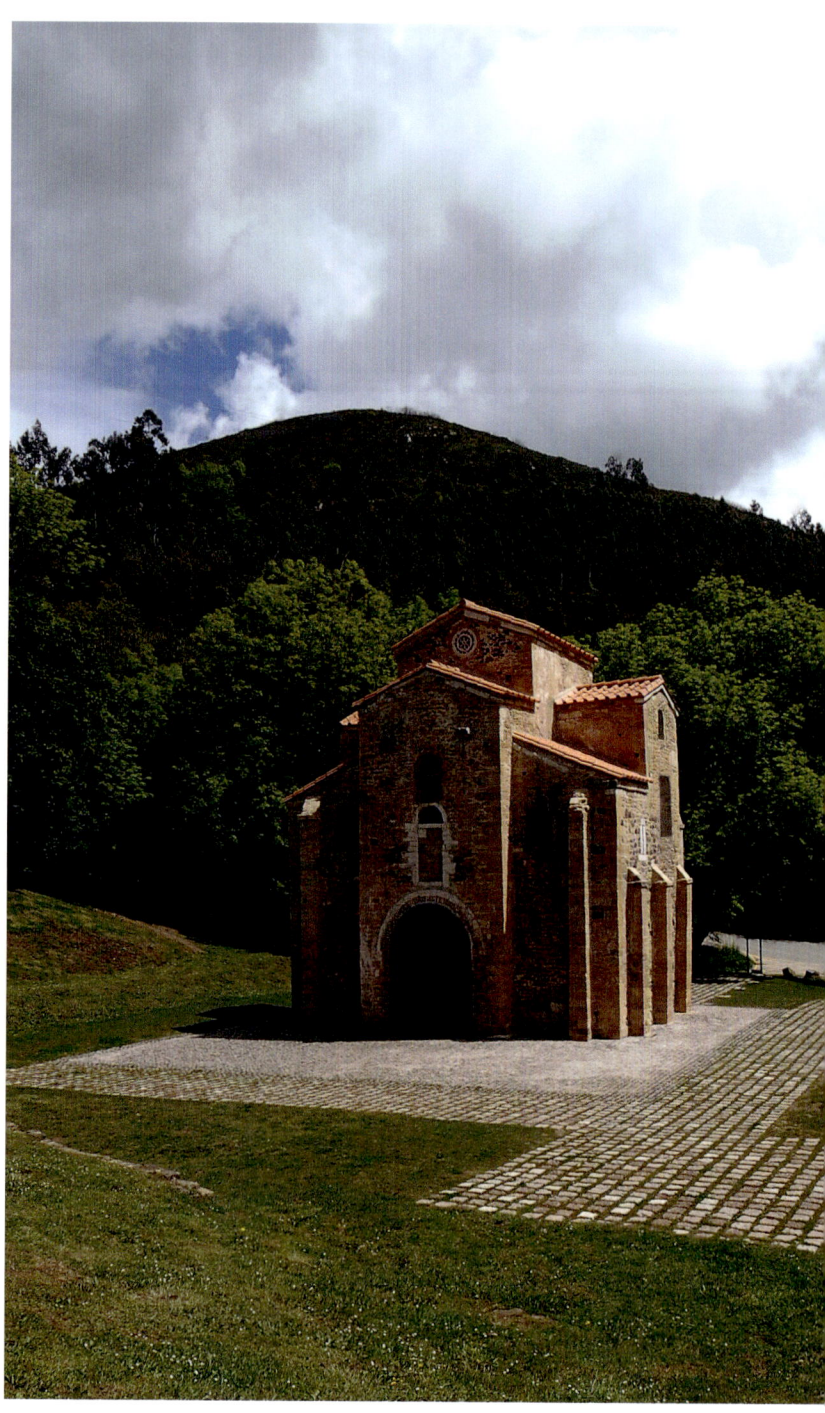

La iglesia de San Miguel de Liño

La iglesia de San Miguel de Liño sería consagrada por Ramiro I y su esposa Paterna en el año 848, fecha recogida en la inscripción grabada por el propio rey en el ara actualmente conservada en el edificio regio del Naranco, situado a trescientos metros de San Miguel. La *Crónica ad Sebastianum* (885) y la *Crónica Albeldense* hacen explícita referencia a la construcción de la iglesia de Liño: *...en el lugar de Liño construyó una iglesia y palacios, con admirable obra de bóveda.* En el *Liber Testamentorun* (siglo XII) se recoge la donación realizada por Ordoño I a la Iglesia de Oviedo con fecha 20 de abril de 857 y la realizada por Alfonso III y su esposa doña Jimena en fecha 20 de enero de 905 (Fol. 19 r° B).

La iglesia de San Miguel de Liño experimentó el hundimiento de las dos terceras partes de su traza primitiva en el siglo XI, siendo las causas de su derrumbe la baja calidad geotécnica de los materiales que constituyen el substrato del templo.

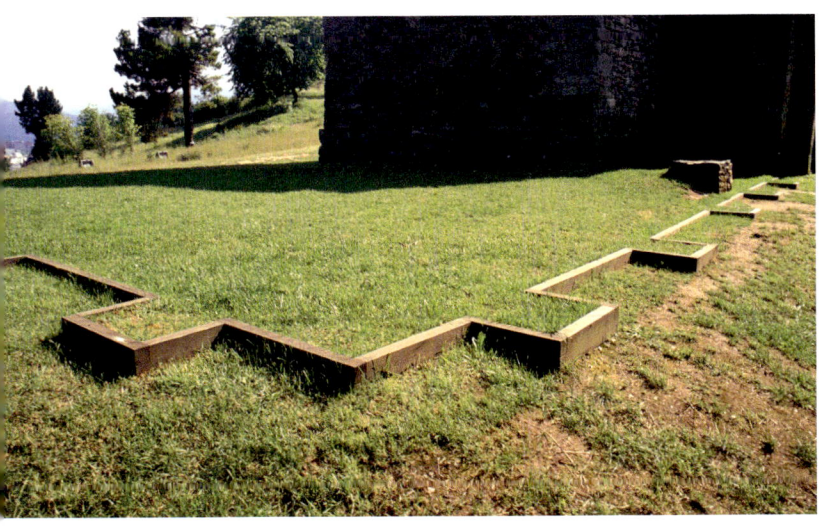

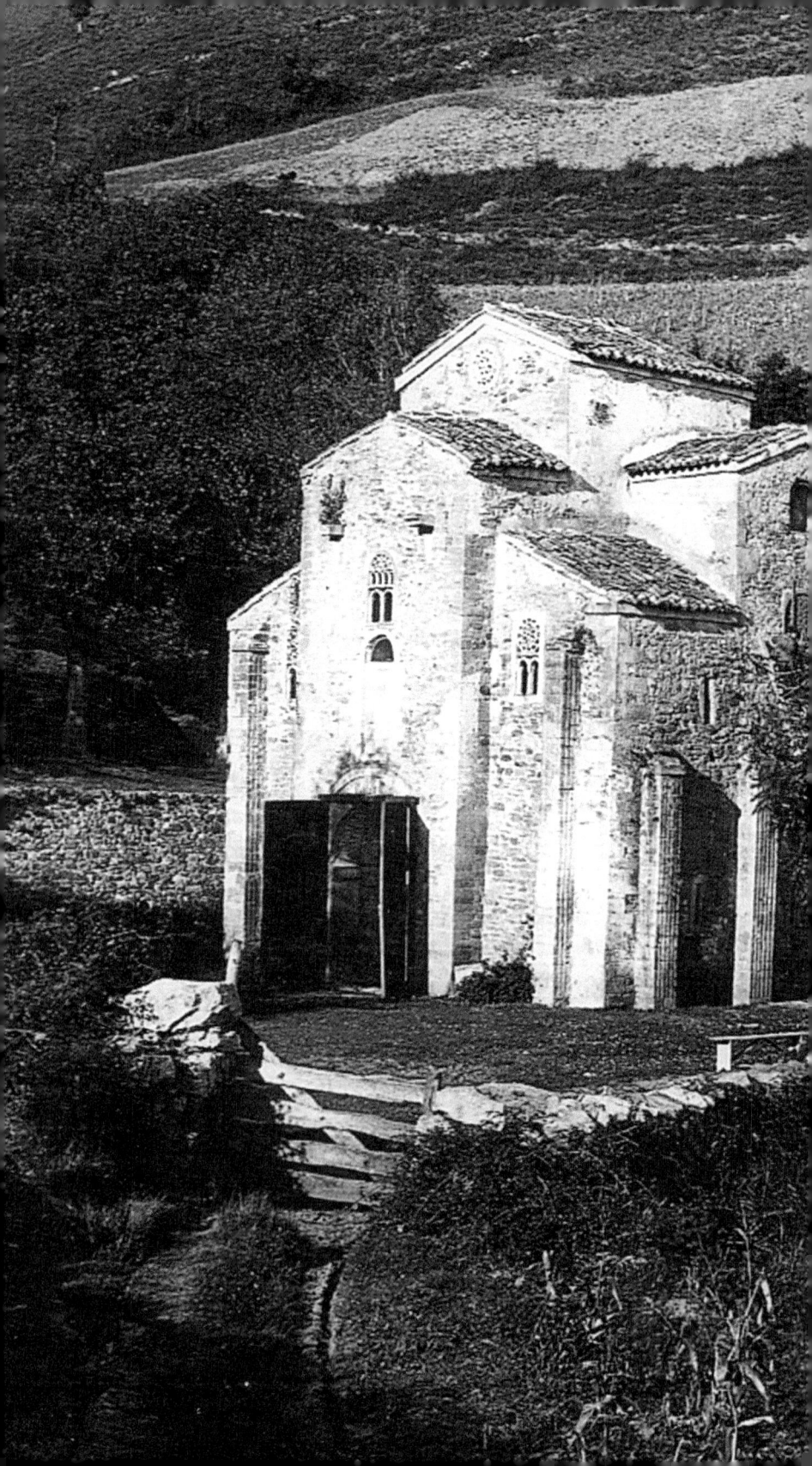

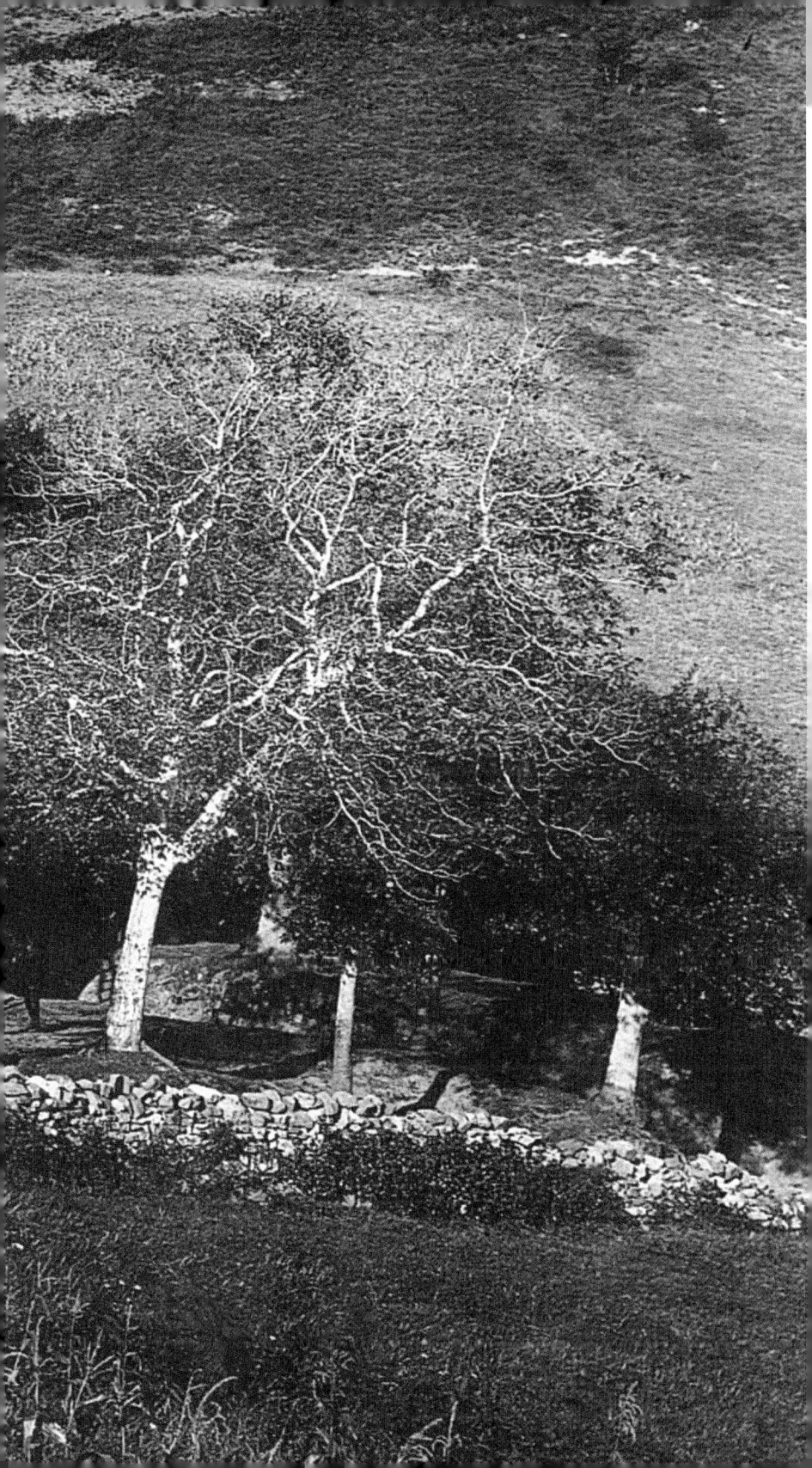

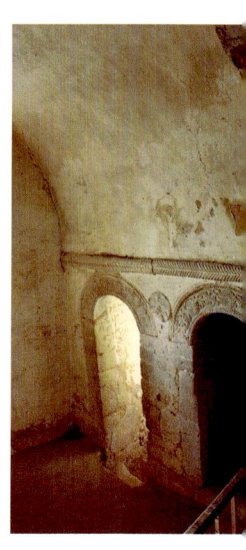

De su primitiva obra se conservan el antecuerpo occidental, donde se abre el vano de ingreso a un vestíbulo sobre el cual se eleva la tribuna regia, y el primer tramo de la arquería del cuerpo central de la nave; restos, actualmente conservados, de una disposición original de la iglesia en planta basilical con tres naves con bóveda de cañón hechas de piedra toba calcárea, en sillares de unos 20-40 cm de longitud. Todo el edificio está rematado por cubiertas a dos aguas estando formada su cubrición original por *tegulae* romana.

En el Museo Arqueológico de Asturias se encuentran tres juegos de cancel pertenecientes, supuestamente, al templo de Liño, cuya función sería jerarquizar los espacios litúrgicos por medio de una barrera separando el prebisterio del *spatium fidelium,* al clero de los fieles.

Arriba, tribuna de la iglesia. En la página siguiente, interí hacia el pórtico de entrada y la tribuna.

Intervenciones de restauración en la iglesia

Derruido parte del templo, la reforma más importante introducida corresponde a la cabecera románica abovedada en cañón que ahora conserva, construida como capilla única para rehabilitar el edificio como iglesia.

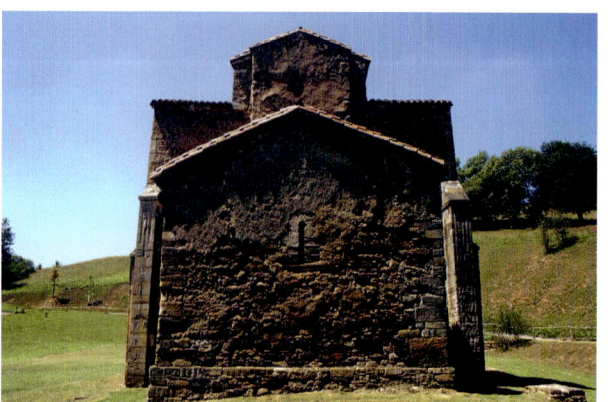

A la izquierda, fachada oriental de la iglesia. Sector derruido y consolidado por una cabecera románica.

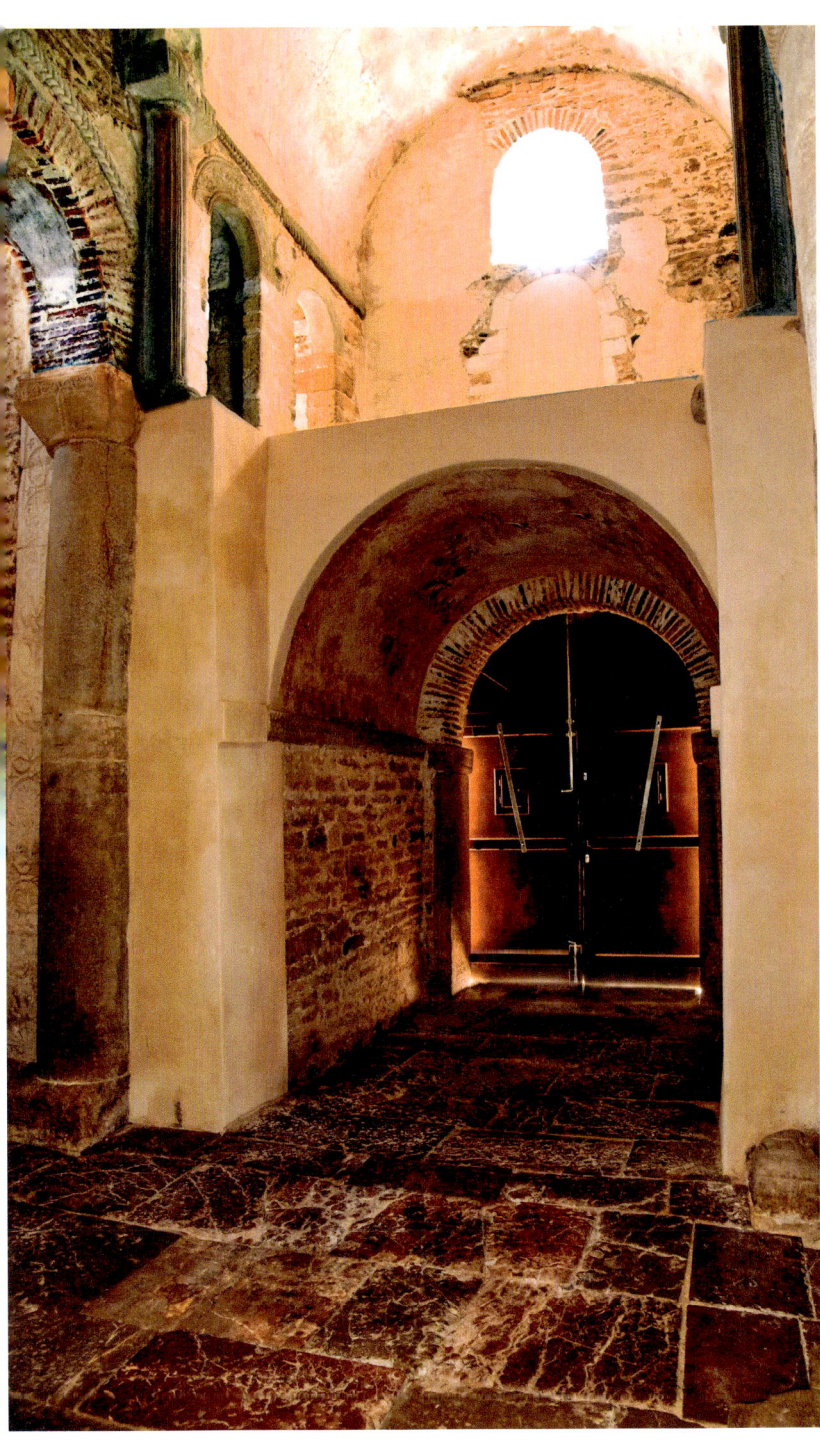

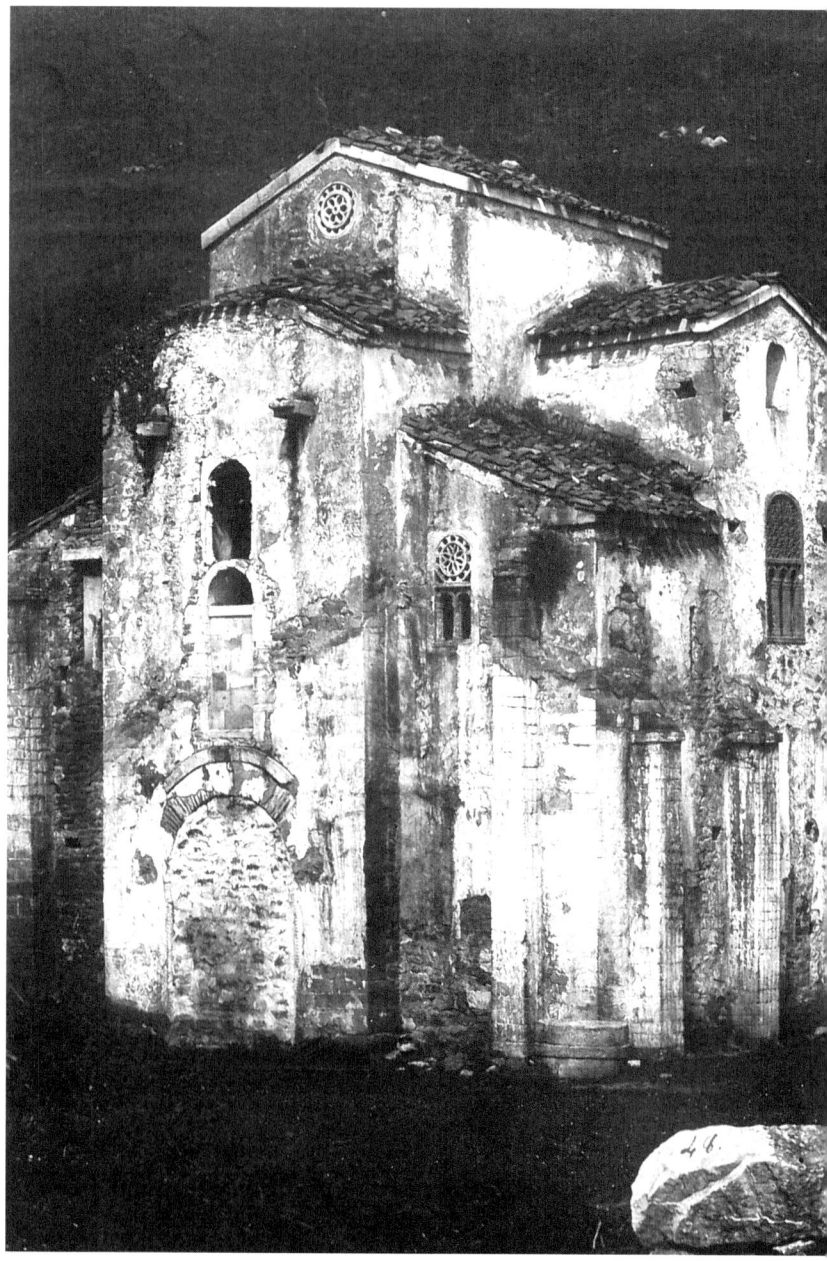

En el siglo XVIII se procede a la construcción de un pórtico. Entre los años 1850 y 1851 se procedió a la restauración de Liño por el arquitecto Andrés Coello. En 1916 interviene arqueológicamente Aurelio de Llano en la iglesia, encontrando importantes restos de la cimentación original del templo. Será en 1954 cuando se proceda a la consolidación de las pinturas murales, las cuales habían sido descubiertas por José Amador de los Ríos en 1877. En los años 1989-1991 se realiza una extensa excavación arqueológica por parte del Instituto Arqueológico Alemán, dirigidas por Theodor Hauschild y Hermann Ulreich. En la excavación queda argumentada la hipótesis de la longitud real de la iglesia de 19'70 m y la ausencia de habitaciones laterales. En 1991 se procede a la renovación de las cubiertas de la iglesia, labor dirigida por el arquitecto Fernando Nanclares, y a la realización de un estudio arqueológico de las bóvedas por parte de César García de Castro. En 1996 se realiza una profunda intervención en el entorno paisajístico del conjunto de San Miguel de Liño y Santa María de Naranco. En el año 2005 se interviene en la restauración del pavimento de la iglesia bajo la dirección de Fernando Nanclares y se lleva a cabo una excavación arqueológica que recupera las basas con las representaciones de los evangelistas, labor dirigida por Otilia Requejo Pages. En el año 2006 se realiza un estudio de lectura arqueológica de los paramentos, dirigido por el investigador y arqueólogo del CSIC, Luis Caballero Zoreda con el objetivo de profundizar en el conocimiento de la arqueología de la arquitectura de San Miguel de Liño.

San Miguel de Lino en 1860, según una fotografía realizada por Clifford (Museo de Bellas Artes de Asturias).

Nave sur con la bóveda decorada y la celosía.

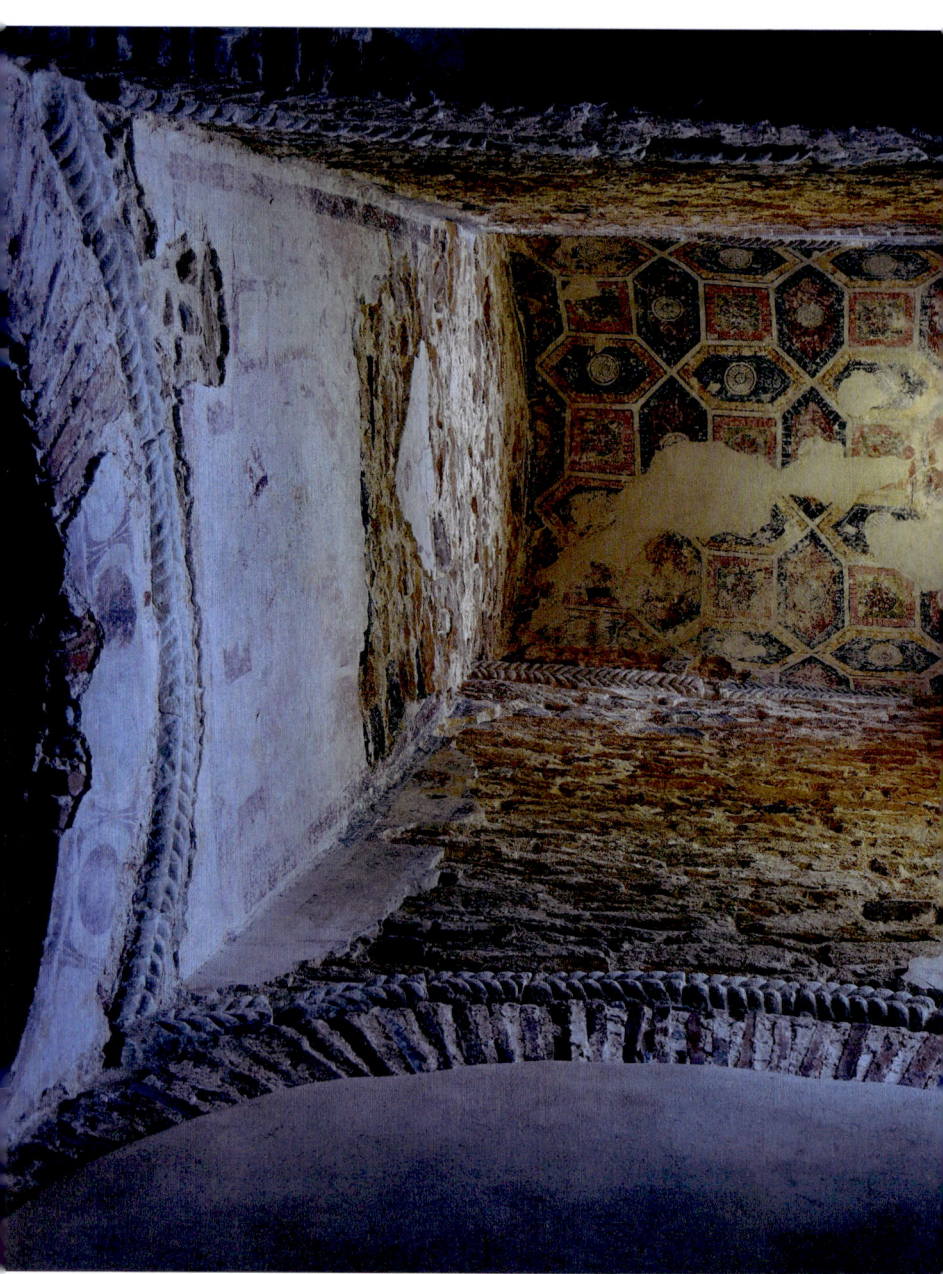

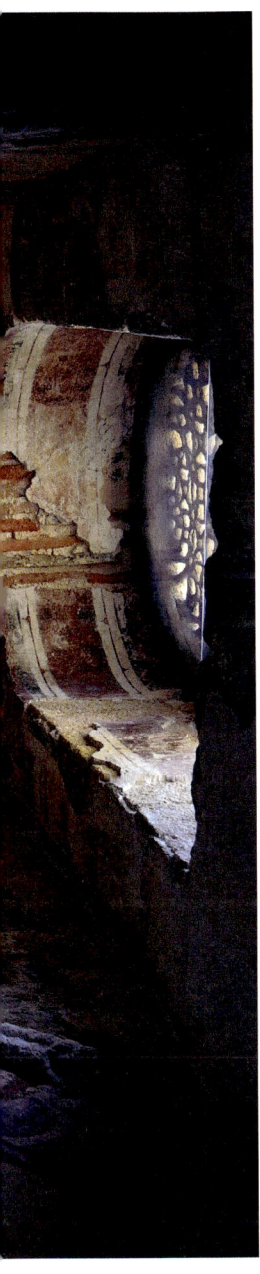

Las hipótesis reconstructivas sobre la configuración original de la iglesia de San Miguel de Liño

Desde el hundimiento de las dos terceras partes de su traza primitiva, San Miguel de Liño ha sido objeto de variadas propuestas de reconstrucción de su estructura arquitectónica original. Las hipótesis más importantes se inician en el año 1850 bajo la dirección de Bartolomé Hermida, donde se traza una planta hipotética cerrando semicircularmente los ábsides colaterales que se sitúan en el sector oriental. En 1855 José María Quadrado propone una planta de Liño: ...*indicando todavía los cimientos del derruido ábside y de las capillas colaterales, que se cerraban en hemiciclo y no en línea cuadrangular.* José Amador de los Ríos en 1874 traza una hipotética planta de cruz griega con un santuario situado a oriente. En 1900 Vicente Lampérez y Romea traza una planta ideal de proporciones cuadradas. Años más tarde, en 1917, volverá a revisar su primitiva hipótesis a raíz de los hallazgos de Aurelio de Llano.

En 1909 Fortunato de Selgas reconstruye la iglesia disponiendo una única capilla mayor en el sector oriental y dos intercolumnios en la nave.

En 1911 Albrecht Haupt basa su propuesta en una planta basilical con tres naves y tres tramos de arcos rematados en una cabecera tripartita recta. En 1916 Aurelio de Llano efectúa excavaciones en la iglesia

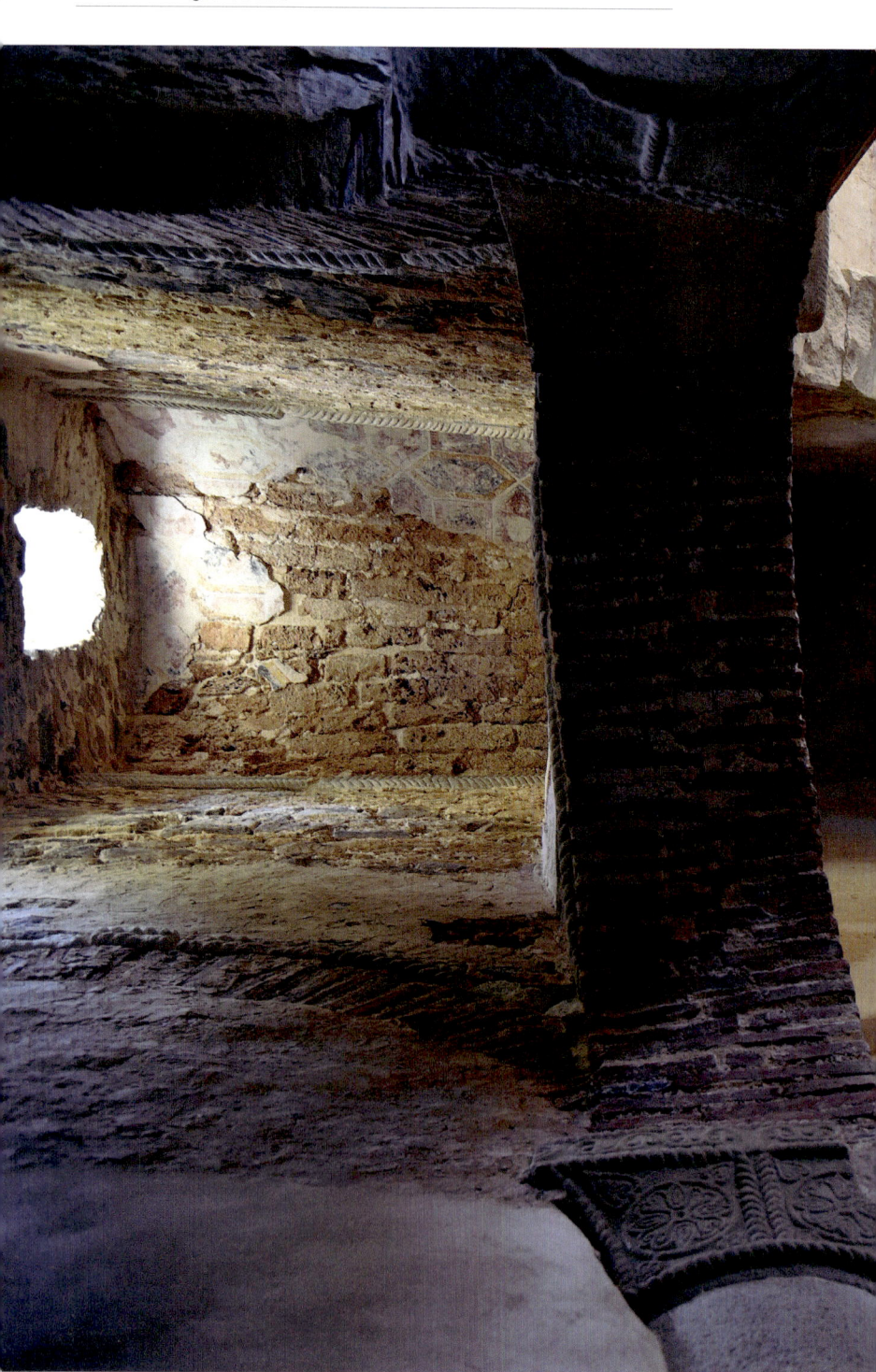

*A la izquierda,
conjunto
de nave central
y norte.*

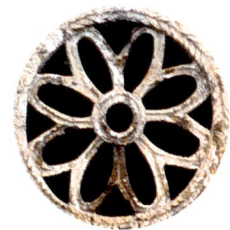

*A la izquierda,
detalle del rosetón
de 8 huecos de
la celosía.
Abajo, celosía
del paramento
exterior de la
fachada occidental
de la iglesia.*

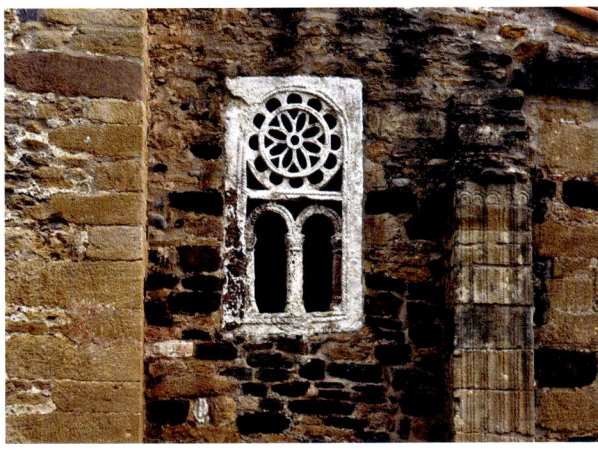

de Liño y realiza una reconstrucción a raíz del descubrimiento de parte de la cimentación original en el sector oriental del templo. Es la primera vez que se realizan excavaciones con un cierto grado de minuciosidad. Básicamente fundamenta el trazado ideal de la iglesia en una planta basilical de tres naves separadas por columnas y cuatro tramos de arcos. En la parte oriental sitúa la cabecera tripartita manteniendo la entrada actual con su tribuna.

En 1974 Vicente José González García ofrece una nueva hipótesis de reconstrucción. Su nuevo diseño de planta ideal sigue las líneas generales de Aurelio de Llano, pero introduce una variación radical al situar la cabecera tripartita, y con ello la capilla mayor, a occidente, lugar actual de ubicación del porche de entrada al templo. En 1957 Helmut Schlunk plantea una reconstrucción que es prácticamente semejante a la que ahora se adopta como modelo.

El Instituto Arqueológico Alemán propone, a partir de la excavación arqueológica realizada en San Miguel de Liño en los años 1989-1990, unas propuestas de reconstrucción de la iglesia original realizadas por sus miembros, Laureano de Frutos Ayuso, Theodor Hauschild y Sabine Noack-Haley. En esta hipótesis su solución se basa en cinco intercolumnios para las arcuaciones de la nave central, que quedaría rematada en una cabecera tripartita recta. Tienen presente además la diferente magnitud de los intercolumnios de la nave central.

En 1993 César García de Castro mantiene como base de su hipótesis los criterios del Instituto Arqueológico Alemán: cinco intercolumnios para las arcuaciones de la nave central rematada en una cabecera tripartita recta. Realiza varias propuestas sobre la diferente magnitud de los intercolumnios. El ábside central tendría una arquería mural ciega. Respecto al volumen introduce importantes sugerencias sobre la disposición de las bóvedas alternas.

Configuración arquitectónica de Liño

De forma excepcional la iglesia de San Miguel de Liño emplea la columna como apoyo de los arcos, en sustitución del tradicional pilar macizo o de mampostería de sección cuadrada, habitual en las iglesias asturianas. La altura de la columna tiene una medida de 3'748 m apoyándose sobre basas historiadas.

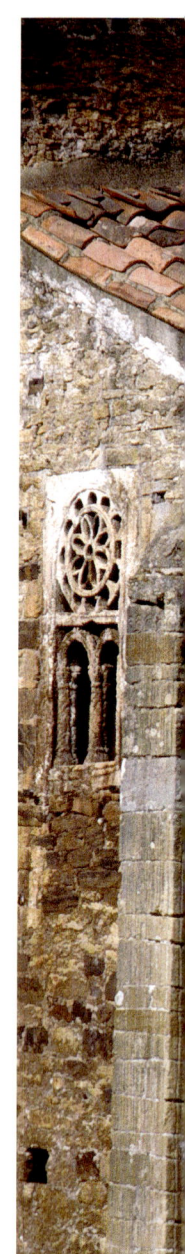

Perspectiva de los lienzos sur y oeste de San Miguel con la visión de las dos espléndidas celosías.

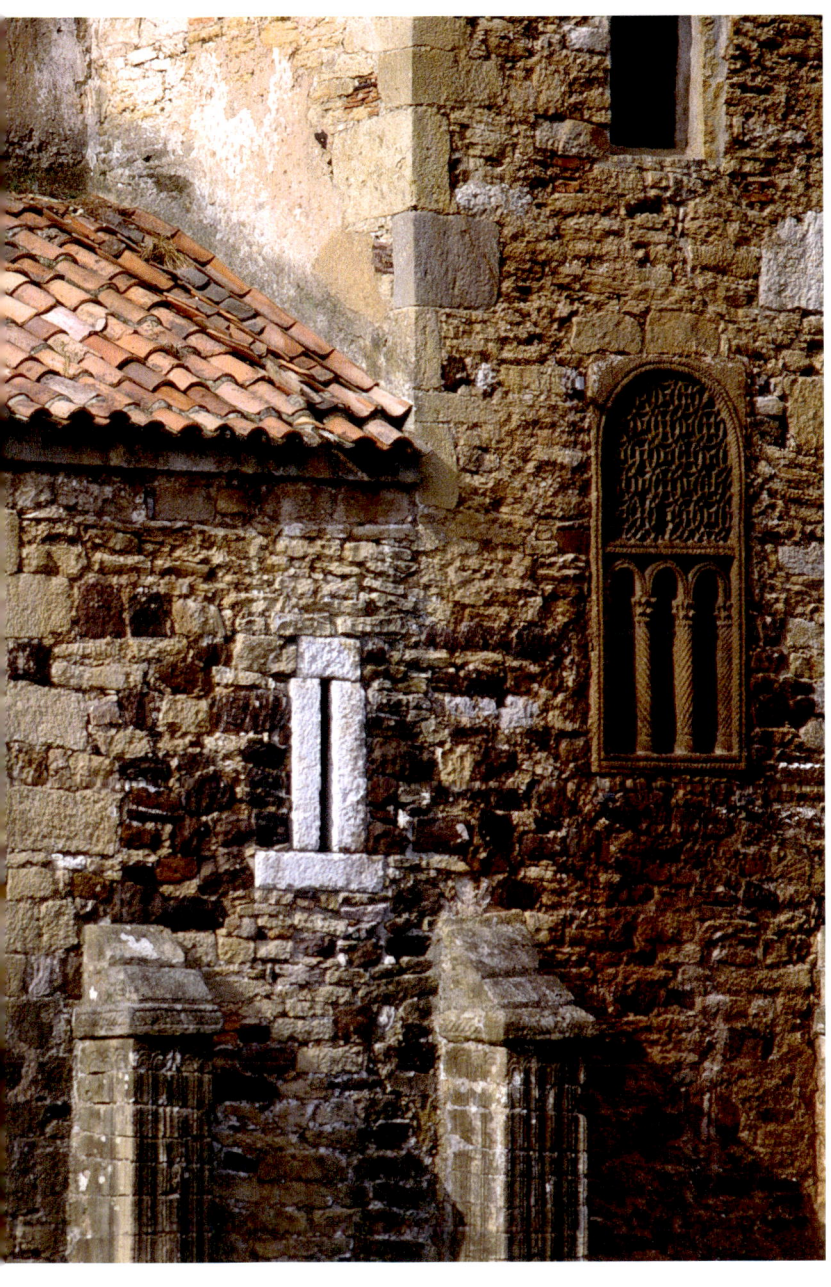

*Pintura mural en la pared oriental de la nave sur con la representación
de un personaje tañendo un instrumento musical.*

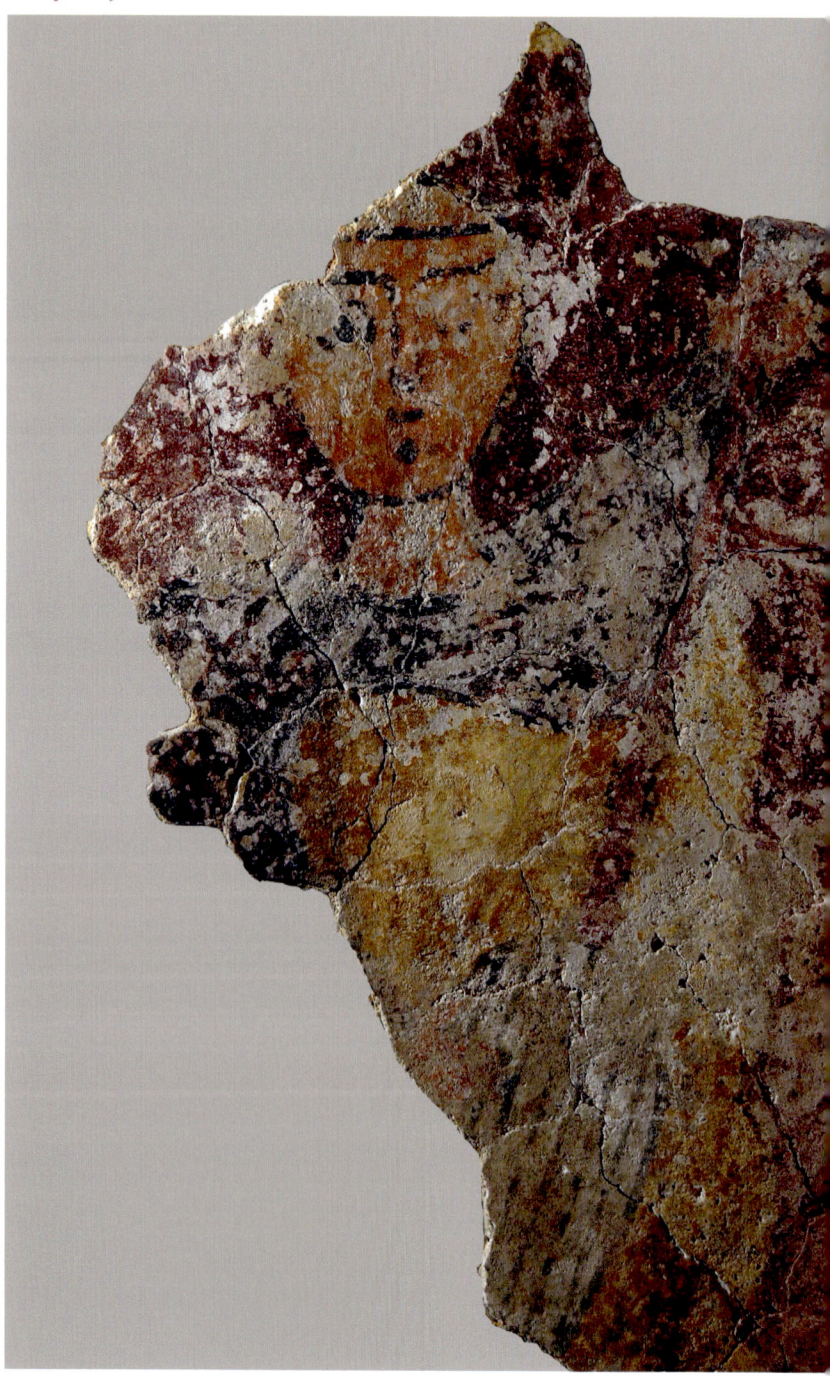

Abajo, a la derecha, panorámica del primer tramo de naves. Al fondo el primer tramo de arquerías de la nave norte. En el centro la nave central y en la parte superior la arquería sur, la bóveda y el lienzo sur. A la izquierda, columna entrega y jamba moldurada con motivos florales en el primer intercolumnio de la arcuación norte.

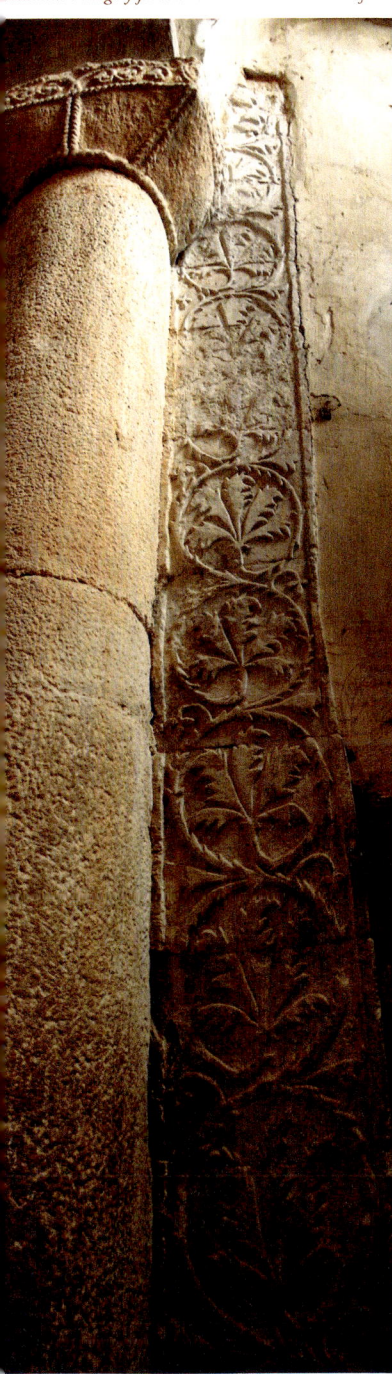

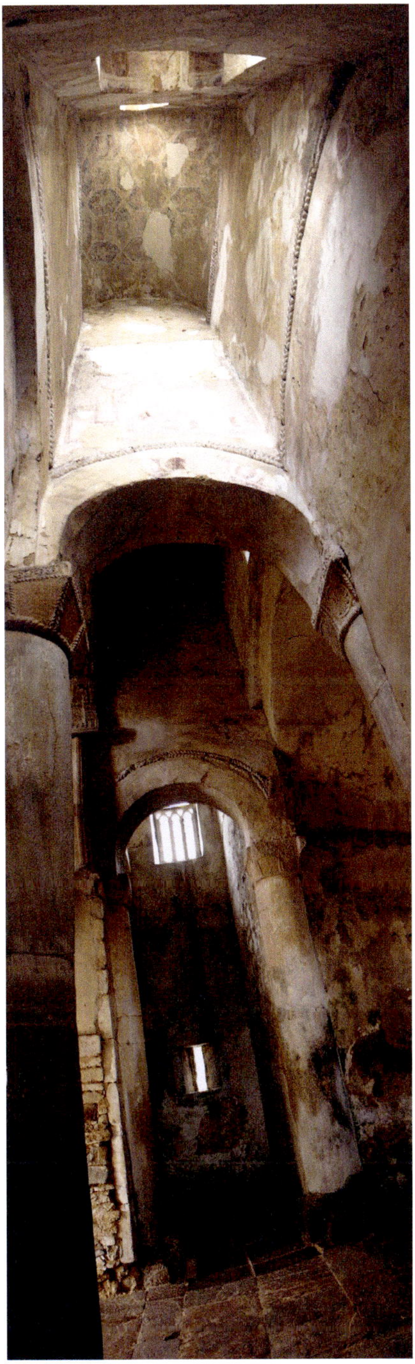

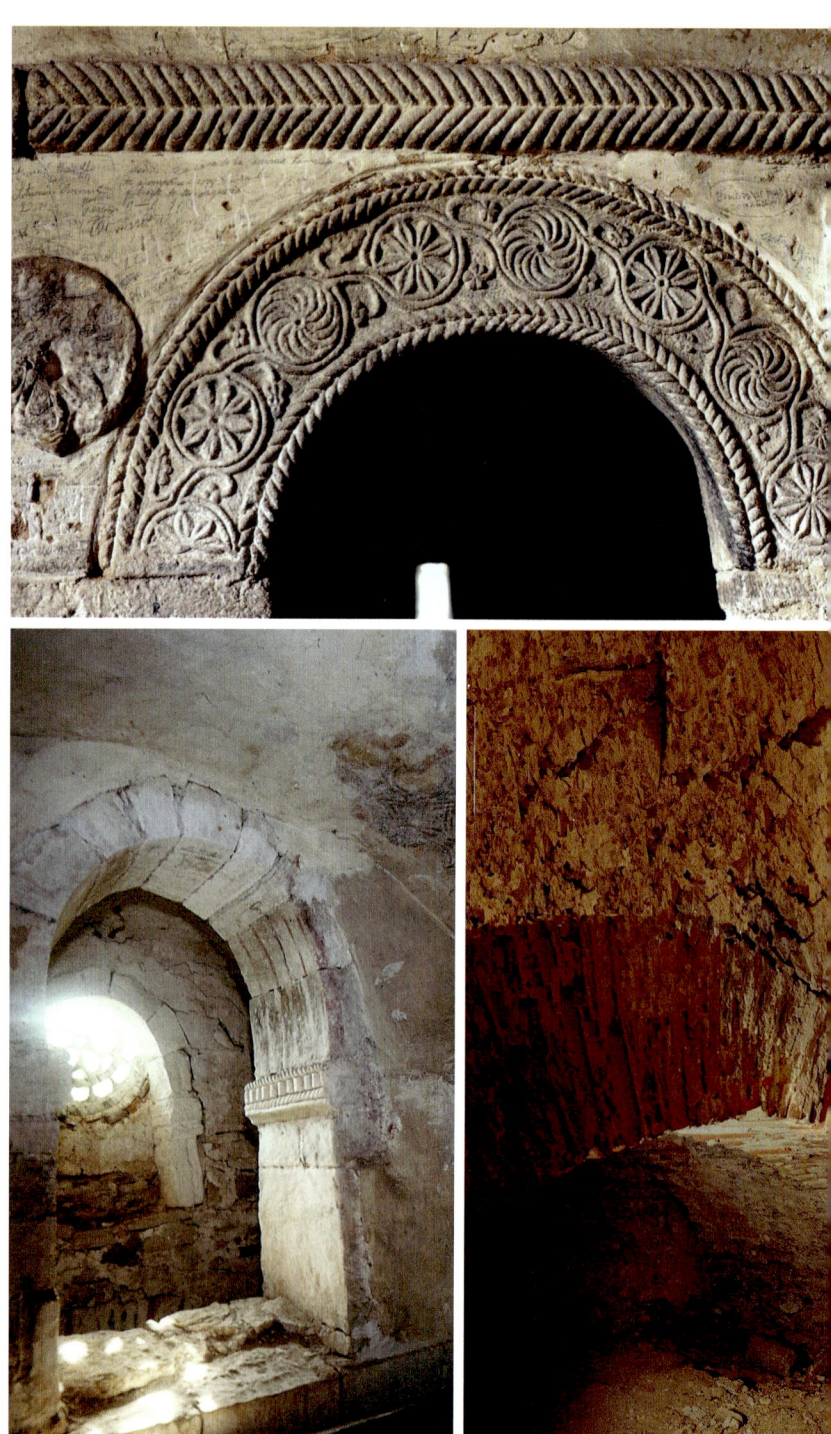

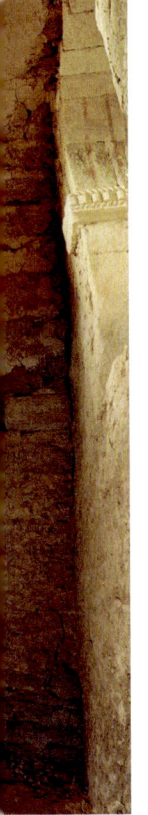

La planta original del fragmentado templo palatino de Liño responde, en parte, a la tipología común a las iglesias asturianas de la época: planta basilical de tres naves con disposición del ámbito de arquerías apoyado en columnas con una cabecera tripartita destruida, orientada al este, y un cuerpo de entrada que alberga el vestíbulo sobre el cual se encuentra situada la tribuna regia abovedada. A sus lados y simétricamente dispuestas se abren dos escaleras de acceso a la misma. La nave central tendría unos 11 m de longitud y estaría separada de las naves laterales norte y sur por sendas arquerías con arcos de medio punto peraltados, apoyados en capiteles que en número de cinco descansarían sobre cuatro columnas exentas y dos entregas.

Al exterior el edificio conserva actualmente una planta de unos 10 m de ancho por 11 m de largo, longitud drásticamente reducida producto de la ruina bajomedieval. Su longitud sería de 20 m, como hemos recogido líneas arriba. La iglesia carece del característico vestíbulo de las iglesias asturianas. En la parte superior de la puerta, con dovelaje de ladrillo y con signos de reformas posteriores, se abre un vano cegado al que se sobrepone una celosía de factura contemporánea. En los lienzos externos laterales se abren a elevada altura sendas celosías que iluminan con su tamizada luz los accesos interiores a la tribuna. El conjunto de la fachada está flanqueado por dos contrafuertes, cuya función de contrarresto no se corresponde en el interior con columnas adosadas. En las fachadas meridional y septentrional solamente se puede observar el primer tramo externo de la construcción original. Tres contrafuertes de 3'50 m de altura y con dibujo de estrías verticales, actúan con función de estribo como contrarresto interno con la articulación interior del conjunto de bóvedas apoyadas en columnas rematadas en impostas. El sector oriental externo representa una ruptura radical con la obra original anterior. Se abre una cabecera de tosca ejecución y se perciben en sus extremos norte y meridional sendas arquerías cegadas, que permiten comprobar la continuidad original de las naves colaterales. Los paramentos no conservan una pulcritud en su mampostería, encontrándose una desigual utilización de sillarejo mal tallado combinado con mampuesto de época, piezas labradas del propio edificio reutilizadas en la construcción de los muros, así como la reconstrucción de contrafuertes de nueva factura con una ubicación novedosa sin función estructural original.

En alzado la iglesia conserva un antecuerpo a occidente donde se abre el vestíbulo cubierto con bóveda de cañón. Traspasado este umbral se accede al primer y único tramo de naves actualmente conservado. El sistema de abovedamiento encierra un proceso de efectiva y compleja solución técnica para el momento histórico en que se construye.

Se recurre al uso de la columna como apoyo de los arcos en la construcción de la arquería en sustitución del tradicional pilar asturiano, siendo San Miguel de Liño la única iglesia que altera esta norma o regla. Las columnas tienen un capitel troncopiramidal de tradición bizantina decorado con motivos geométricos. Conservan en sus caras un dibujo circular ornado con motivos florales, inscritos en enmarcaciones con ribete en doble cordón sogueado en espiga, de similar ejecución al collarino sogueado del capitel.

Los relieves de las basas

Las basas tienen una notable dimensión: cerca de 82 cm de lado configurando un cuadrado. Se mantienen actualmente diez *in situ*. En el Museo Arqueológico de Asturias, en Oviedo, se conservan buen número de ellas. El conjunto de sus cuatro caras está configurado por arcos apoyados en columnas. En el interior de los diminutos arquillos, que en número de tres recorren cada una de las cuatro caras de la basa, se inscriben relieves de los cuatro evangelistas San Mateo, San Marcos, San Lucas y San Juan en posición de lectura de un libro, o escribiendo sobre un púlpito o pupitre. Los evangelistas aparecen representados en las basas de Liño, en calidad de portadores del mensaje de Salvación de Cristo a su Iglesia y que, como leemos en el Apocalipsis, es representada en clave metafórica como la Sede de Dios (Apocalípsis IV, 2-11).

Basa de San Miguel con la representación del evangelista san Lucas en el centro de la arquería. (Museo Arqueológico de Asturias).

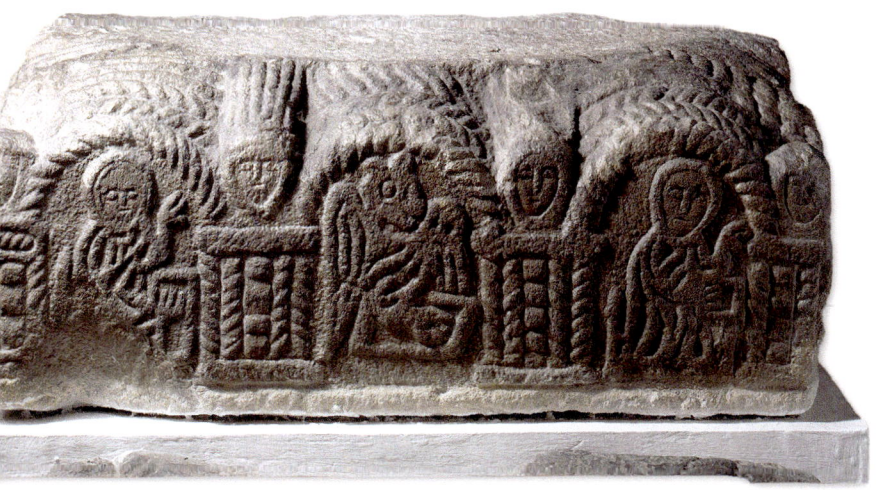

Bajo estas líneas, arriba, dibujo de una de las caras de la basa con representación de San Lucas. Abajo, imagen actual de la basa.

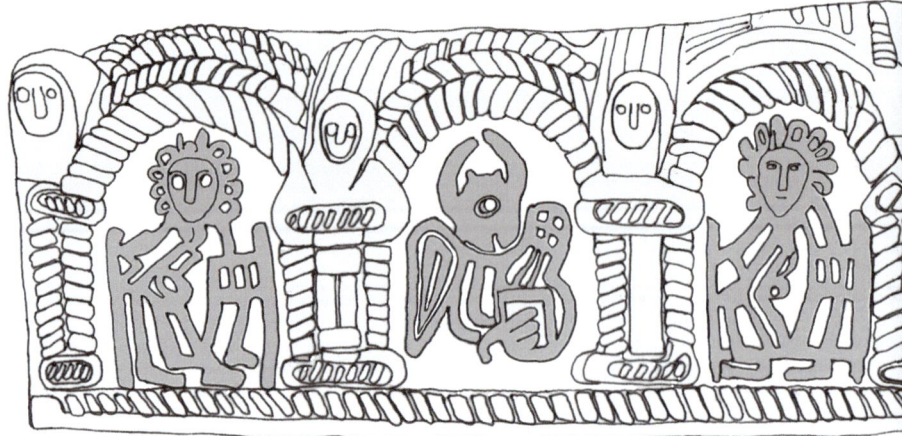

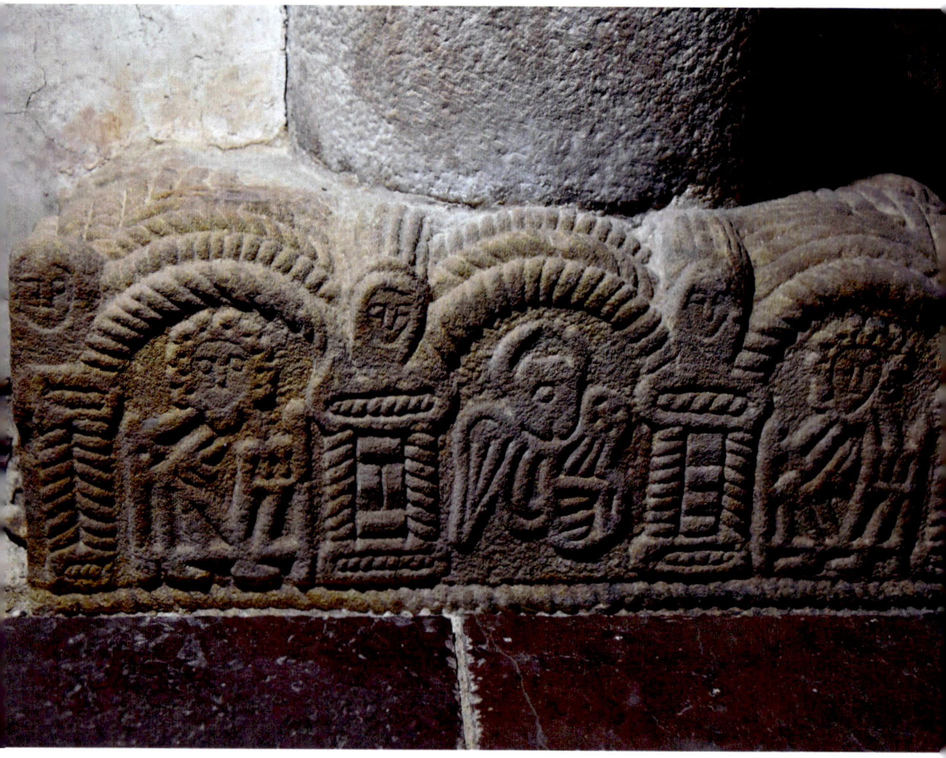

Bajo estas líneas, arriba, basa de San Miguel con la representación bajo el arco central del evangelista San Juan
acogido, a su vez, bajo el regio arco en mitra. Abajo, basa de San Miguel con la representación de San Mateo.

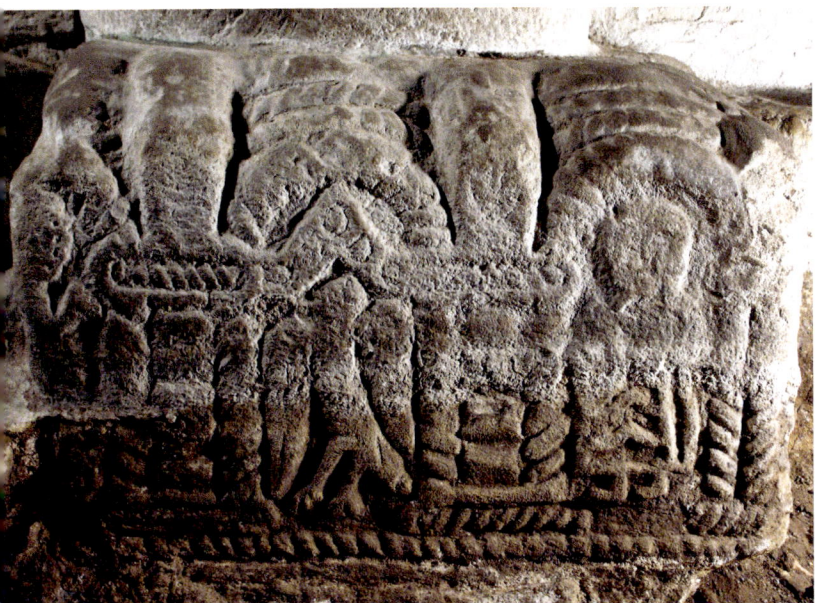

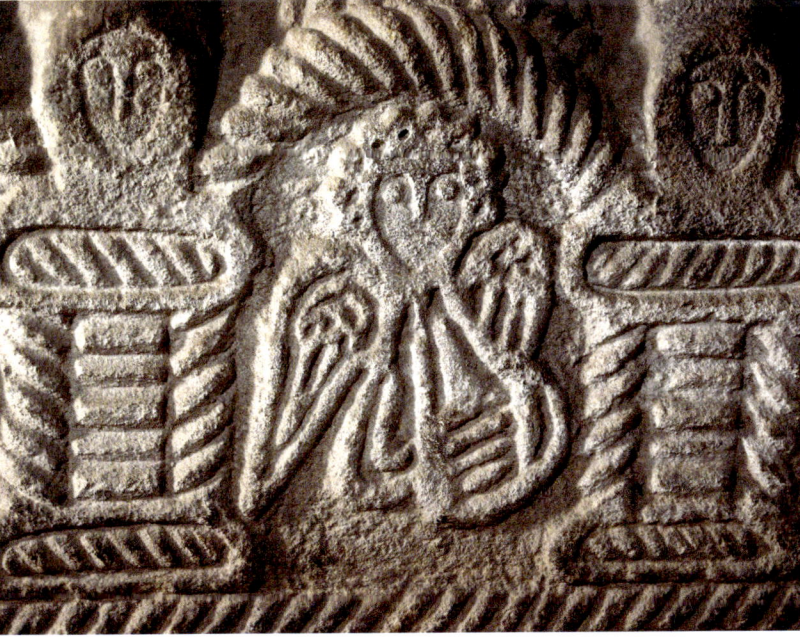

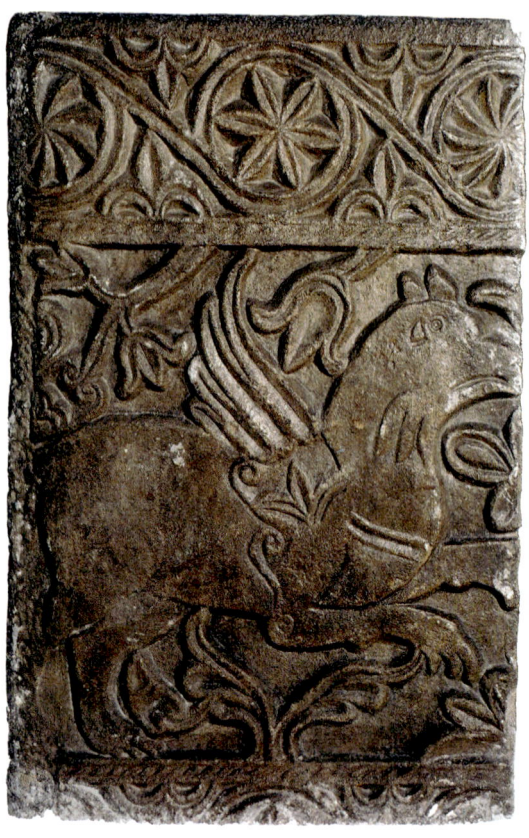

A la izquierda, placa de cancel con motivo de grifo. Motivo característico del repertorio cristiano, proyecta una imagen del animal en posición de movimiento, con las patas delanteras alzadas El relieve mantiene una coherente tradición oriental sasánida.

A la derecha, arriba, detalle de la jamba nor del pórtico de entrada: *un león se enfrenta a un saltimbanqui. A la derecha el látigo del domador. Abajo, basa de San Miguel con la representación de un escriba sentado en una silla.*

En el interior del arco central de cada cara se encuentran relieves de figuras aladas. Los prototipos a estas representaciones hay que buscarlos en los manuscritos carolingios. La representación del tetramorfos y su carácter apocalíptico nos sitúa, a su vez, las basas de San Miguel de Liño en relación con otros campos artísticos como el de la orfebrería. Ese es el caso de la arqueta relicario que Alfonso III ofreció a la catedral de Astorga. En sus cuatro caras encontramos talladas en el interior de arquillos las figuras del tetramorfos. Asimismo, nos encontramos con el relicario de Engern vinculado a la escuela franca, en el cual se recurre a la representación de las mismas figuras esquematizadas en el interior de arquerías.

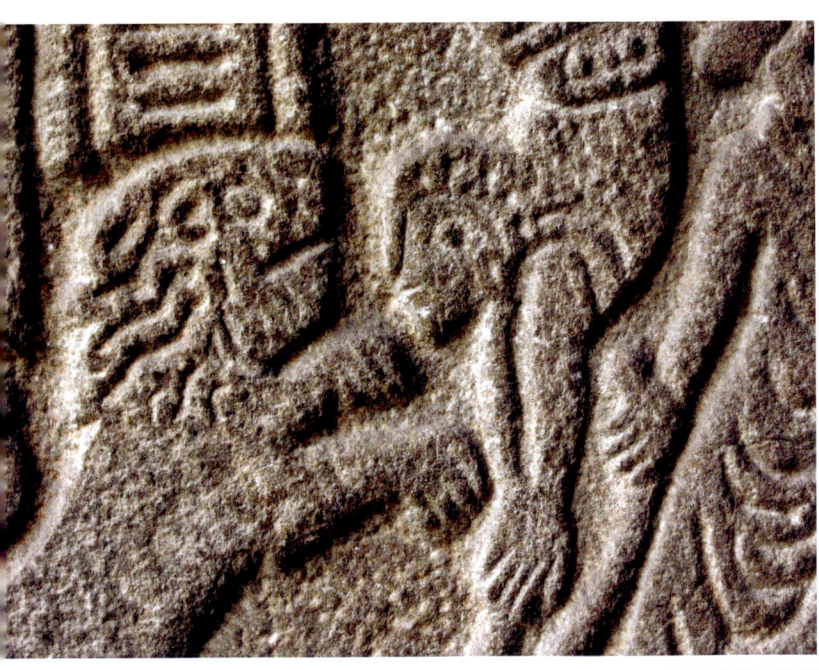

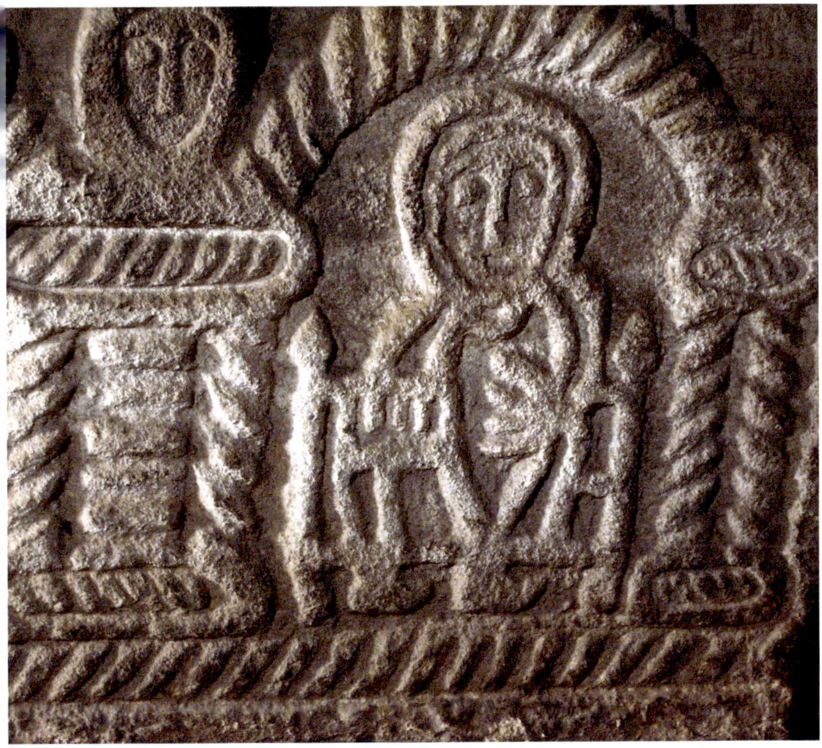

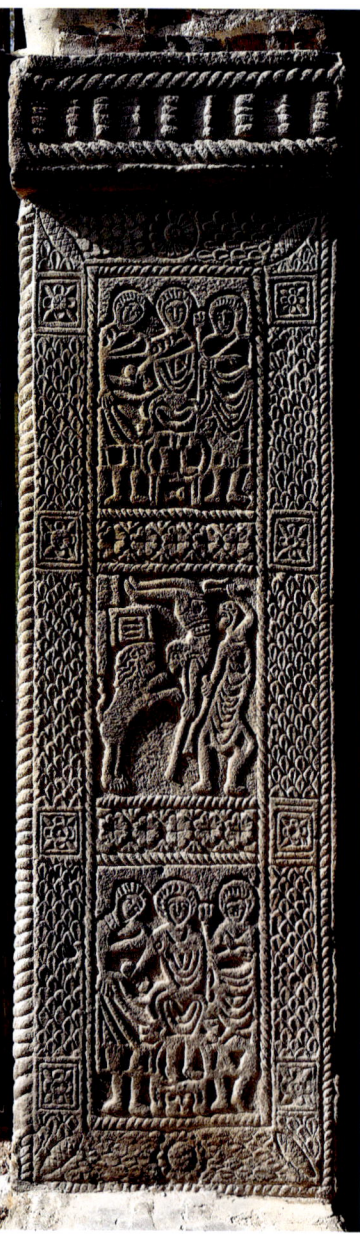

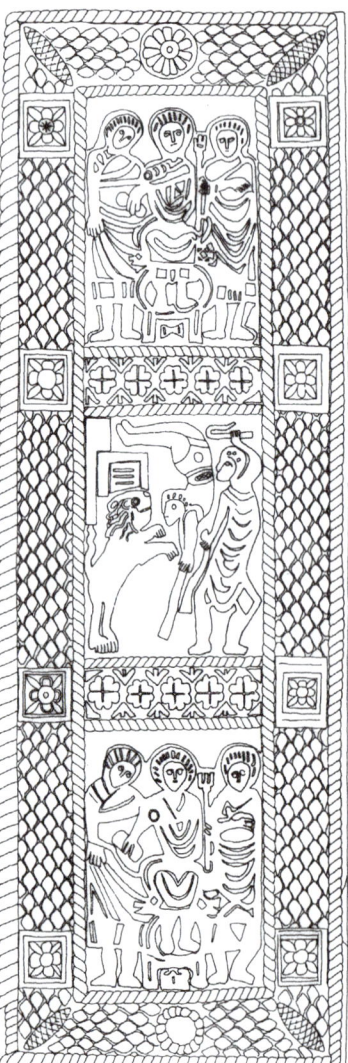

Jamba norte de San Miguel de Liño y dibujo analítico de la misma.

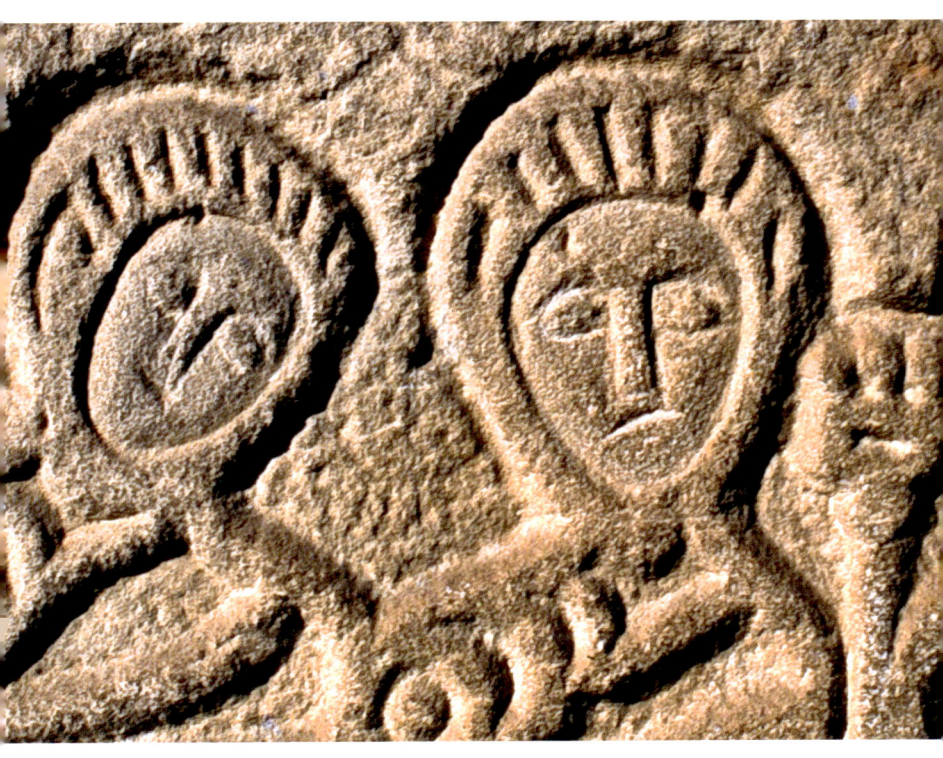

Detalle de la jamba con el rostro de la figura regia central acompañada de otro rostro inclinado hacia su hombro. A la derecha, el extremo superior del cetro.

Las jambas del pórtico de la iglesia

Las jambas, situadas a ambos lados del pórtico de entrada al templo, tienen una elevada importancia artística; sobre ellas descansa el arco de medio punto con dovelaje de ladrillo. Están divididas en tres superficies rectangulares rodeadas por variados motivos ornamentales mostrando un perfil de soga. El modelo de inspiración es el díptico consular romano-bizantino ejecutado en marfil del cónsul Areobindus (506 d. C.) del que se conserva un ejemplar en el Museo de Leningrado (San Petersburgo) y en el Museo de Cluny (París). La talla del díptico representa al cónsul sentado en un *subsellium* y acompañado de dos acólitos; sostiene un cetro en la mano izquierda y la *mappa* (pañuelo conteniendo arena) en la mano derecha, que en el momento en que sea echado a la arena del circo señalará el inicio de los juegos. El cuadro escénico del centro se decora con un episodio de los juegos en el que se representa a un saltimbanqui que, ayudado de un bastón o pértiga, salta sobre un león; en su extremo un hombre esgrime un látigo en su brazo levantado. El tercer cuadro escénico es una repetición del primer cuadro superior.

Iconografía del *rex* en las jambas

En la jamba se muestra un vocabulario iconográfico muy evolucionado, un novedoso estilo en las formas artísticas. Ausencia de rasgos fisionómicos y una concepción de la imagen regia plena de poder expresivo, de una proyección ideológica de prestigio de un soberano revestido de un poder próximo terrenalmente pero distante en el tiempo.

Tres figuras en las que prevalece el *princeps* centrando la simetría escénica, el orden jerárquico, flanqueado por dos personajes preclaros símbolos virtuales del poder religioso y terrenal: un alto cargo eclesial y un dignatario regio.

En el cuadro central hay una representación figurativa de tres escenas centrales de *la pompa circensis*. El circo, el hipódromo, en el mundo tardoantiguo concentraba el carácter imperial de las ceremonias, el encuentro entre el poder (*rex*-emperador) y el pueblo.

Registro inferior con la figura regia acompañada de dos personajes de su séquito.

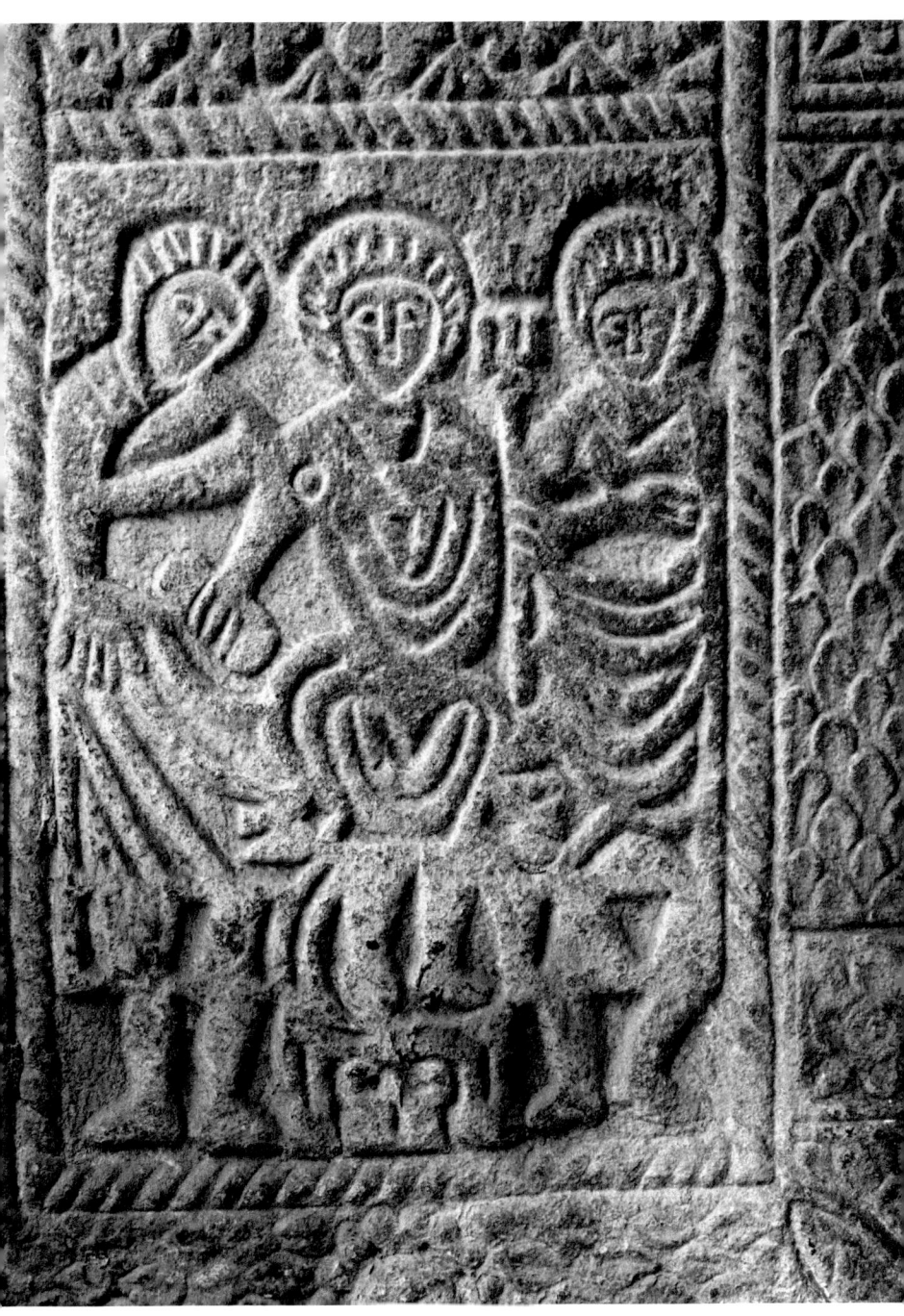

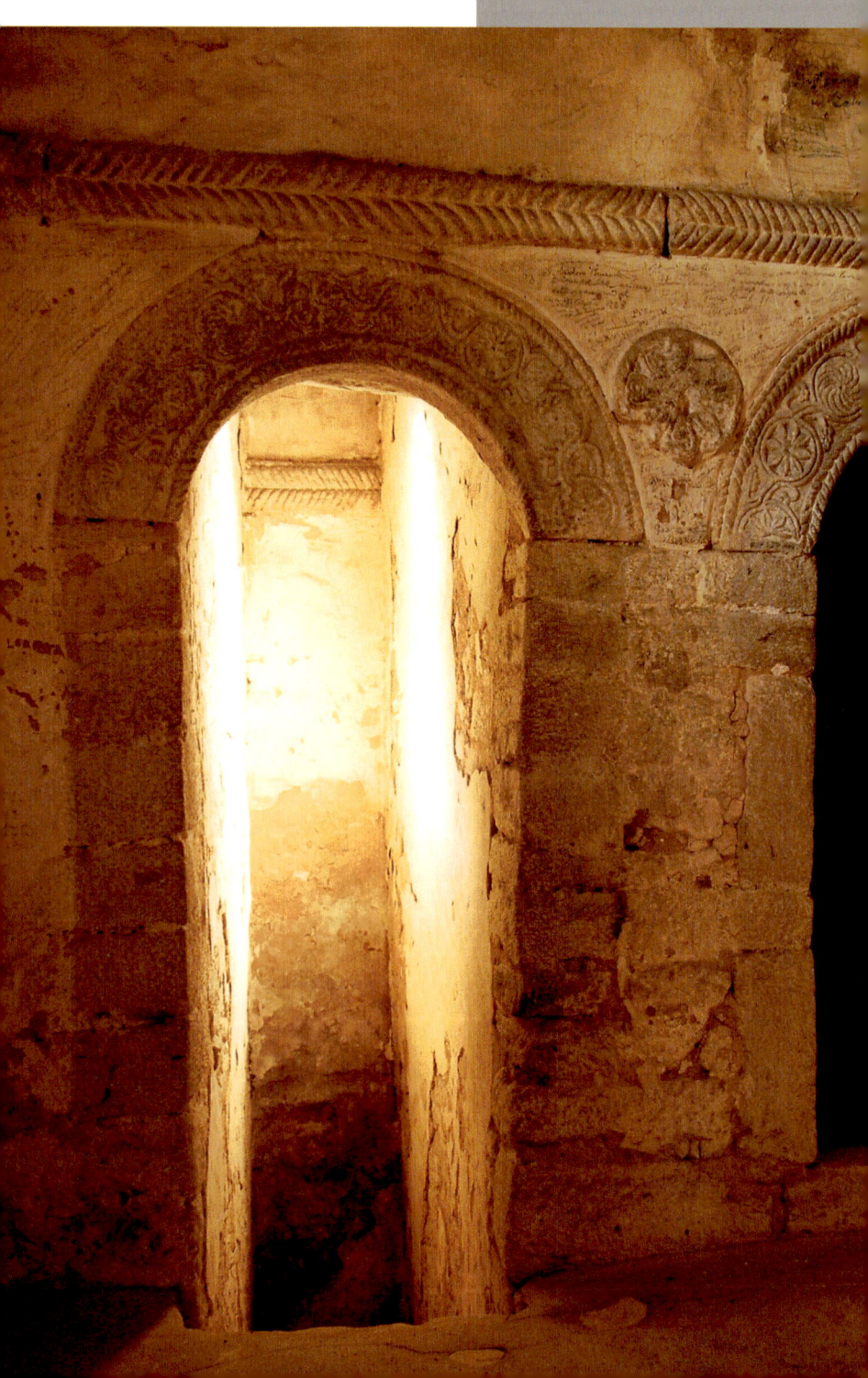

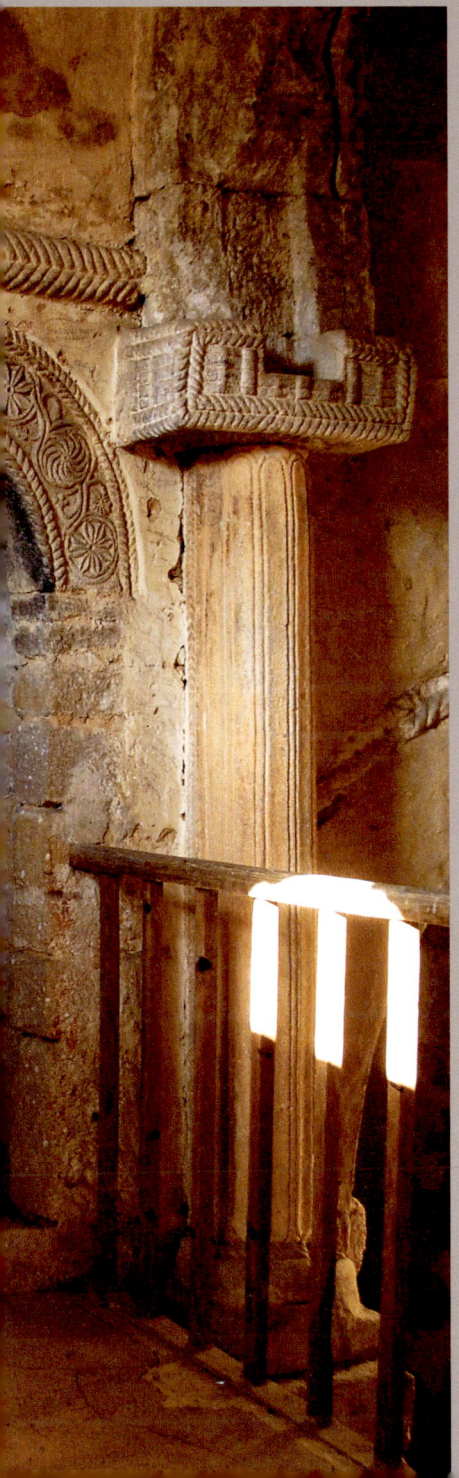

LA TRIBUNA

- Conserva una superficie rectangular cubierta con bóveda de cañón apoyada sobre líneas de imposta con doble sogueado. Se abre a la nave central por un arco toral con dovelas en piedra caliza decoradas con relieves geométricos. En cada uno de los lienzos septentrional y meridional de la tribuna se abren dos vanos rematados con arco de medio punto que dan acceso a las escaleras y a una habitación. A destacar la decoración de estos arcos configurada por un ribete de doble cordón en forma de soga y una ornamentación de ruedas solares y rosetas. En la parte superior a la bóveda de la tribuna se sitúa una pequeña cámara cuyo único acceso consiste en un vano abierto al muro occidental de la nave central.

Tribuna regia de San Miguel. Vista hacia el tramo norte.

De las múltiples celosías que originaria-
mente tendría la iglesia solamente se conservan actualmente tres (una de la cuales
tiene muy deteriorado su tímpano) y un rosetón calado ubicado en la pared occidental del muro que cierra la cámara ciega. Un
interés artístico singular lo reviste la celosía de la ventana abierta en el muro del
mediodía: está tallada en una pieza única
de piedra, monolítica, envuelta por un file-
teado de doble sogueado diferenciándose
dos partes: la superior, compuesta por un
tímpano de rica tracería de delicados círculos torneados entrecruzados. La parte
inferior consiste en un enmarque y triple
arcada con doble sogueado.

*A la derecha,
espléndida celosía
monolítica de
San Miguel de
Liño. Una de las
obras escultóricas
de mejor factura
del arte
altomedieval
asturiano.*

*Bajo estas
líneas, detalle
de los círculos
intersecantes de
la celosía del
lienzo sur.*

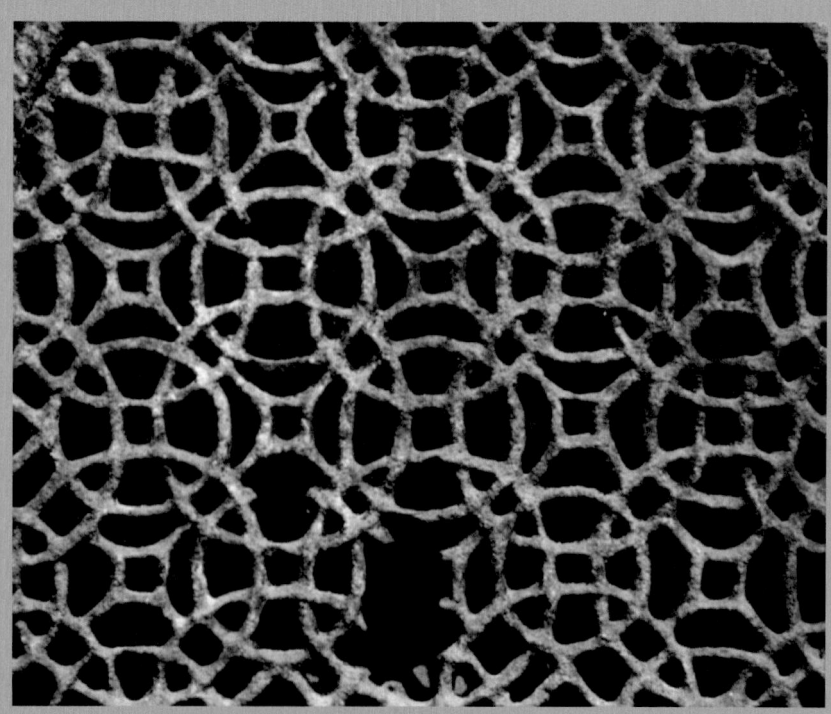

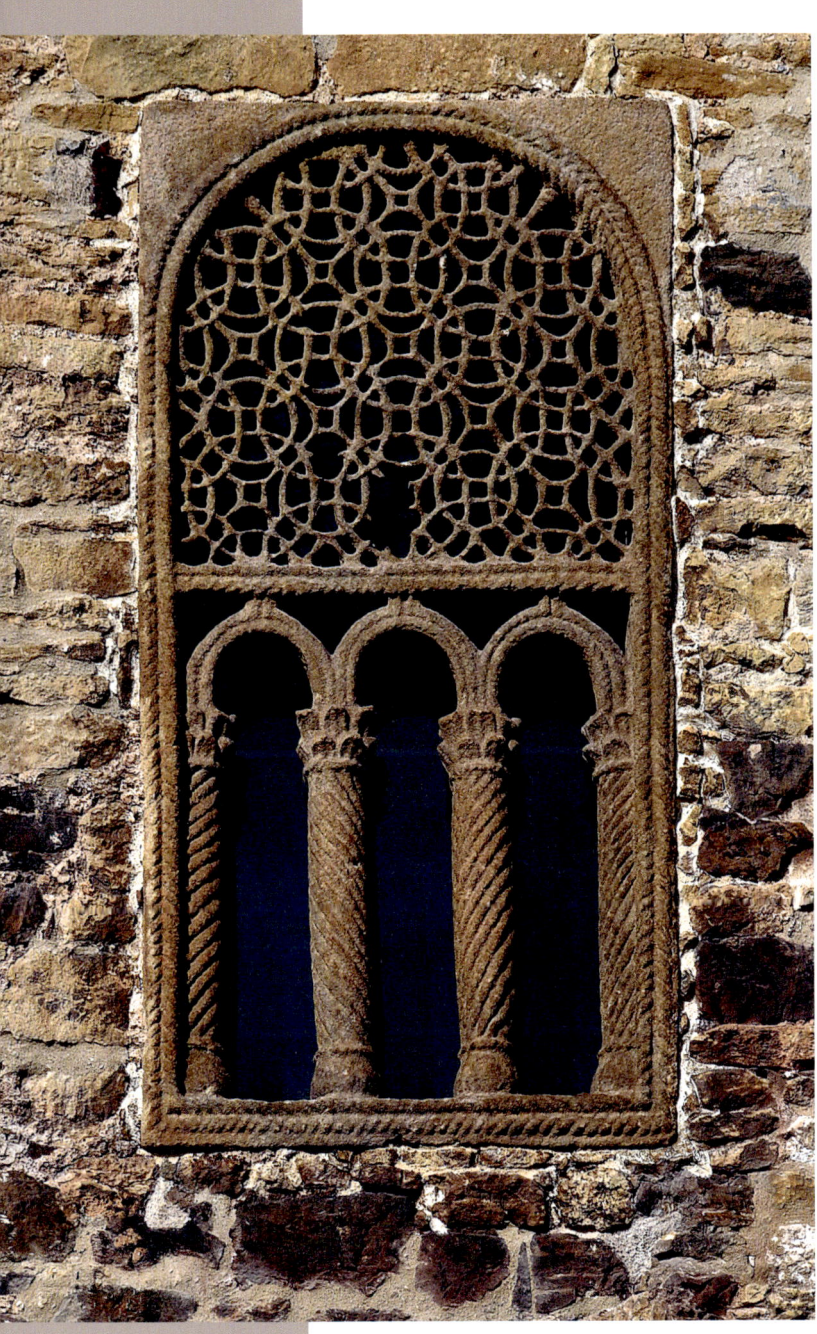

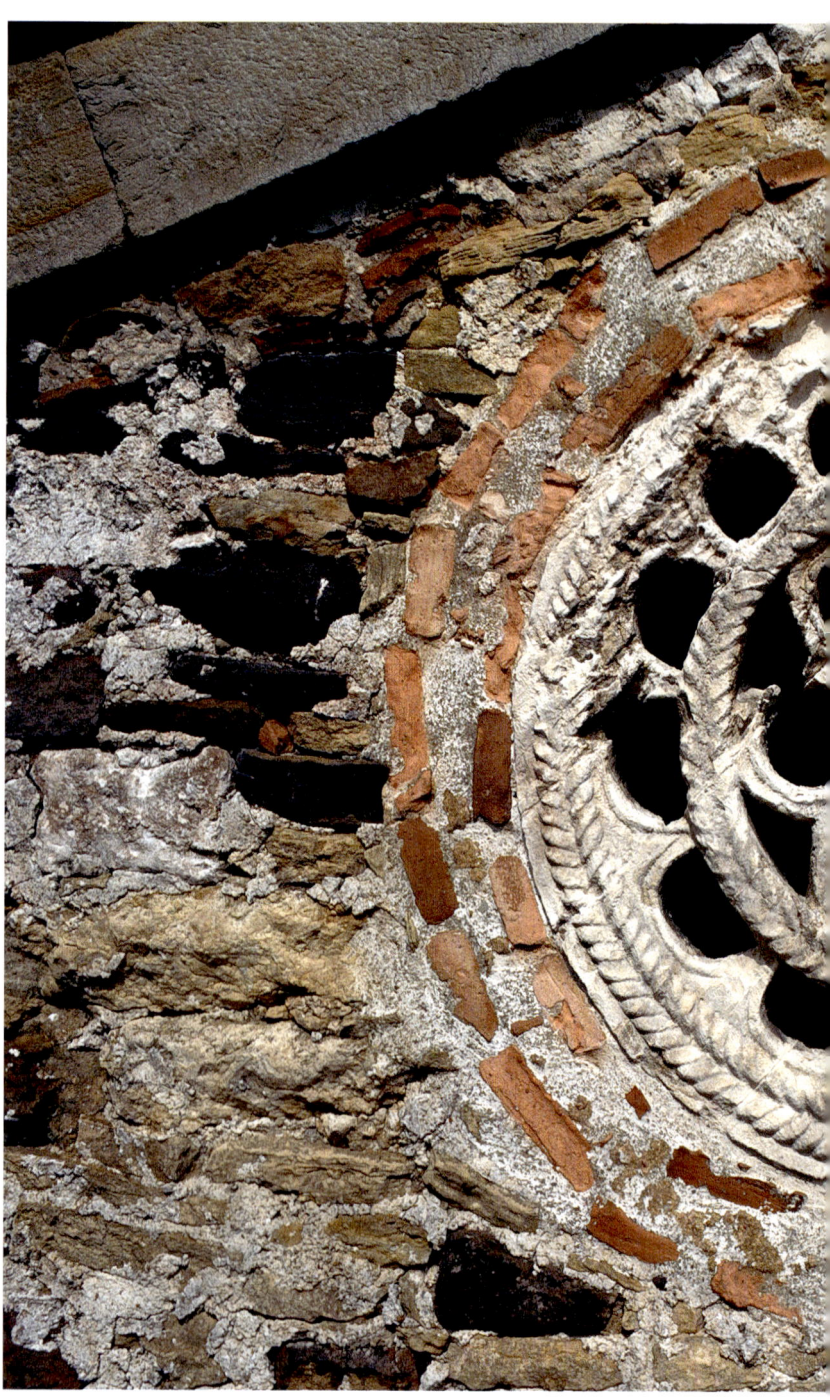

Celosía situada en el lienzo occidental. Proporciona luz tamizada a la cámara ciega. Pieza reaprovechada de otro lienzo de la propia iglesia al derrumbarse en el siglo XI.

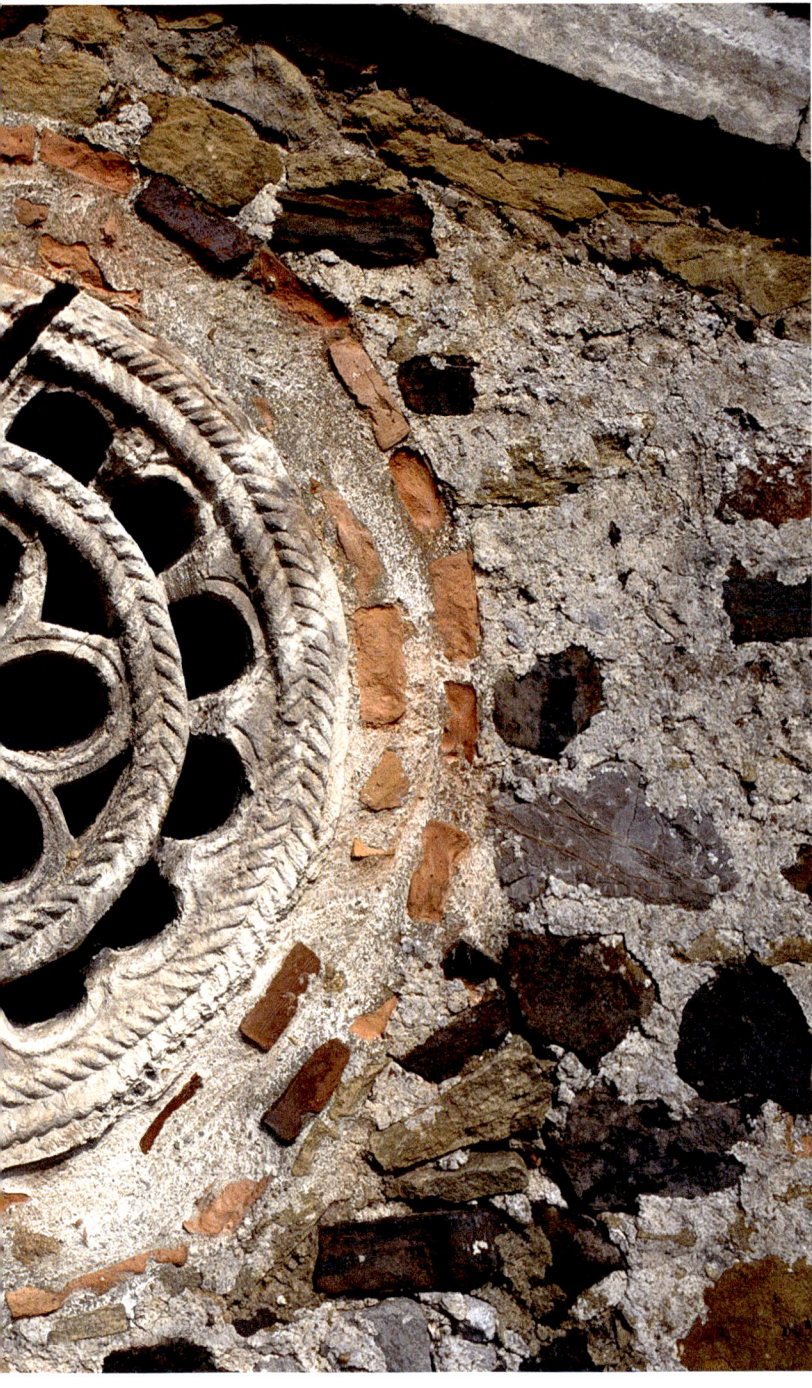

La pintura mural de la iglesia

En 1877 José Amador de los Ríos publica en la pionera obra *Monumentos Arquitectónicos de España* la monografía correspondiente a la iglesia de San Miguel de Liño. En ella daba a conocer la presencia de importantes restos de pintura mural al fresco aún conservados en las paredes del templo.

Abajo, detalle del panel pictórico de la pared oriental de la nave sur con la representación de un personaje tañendo un instrumento musical.

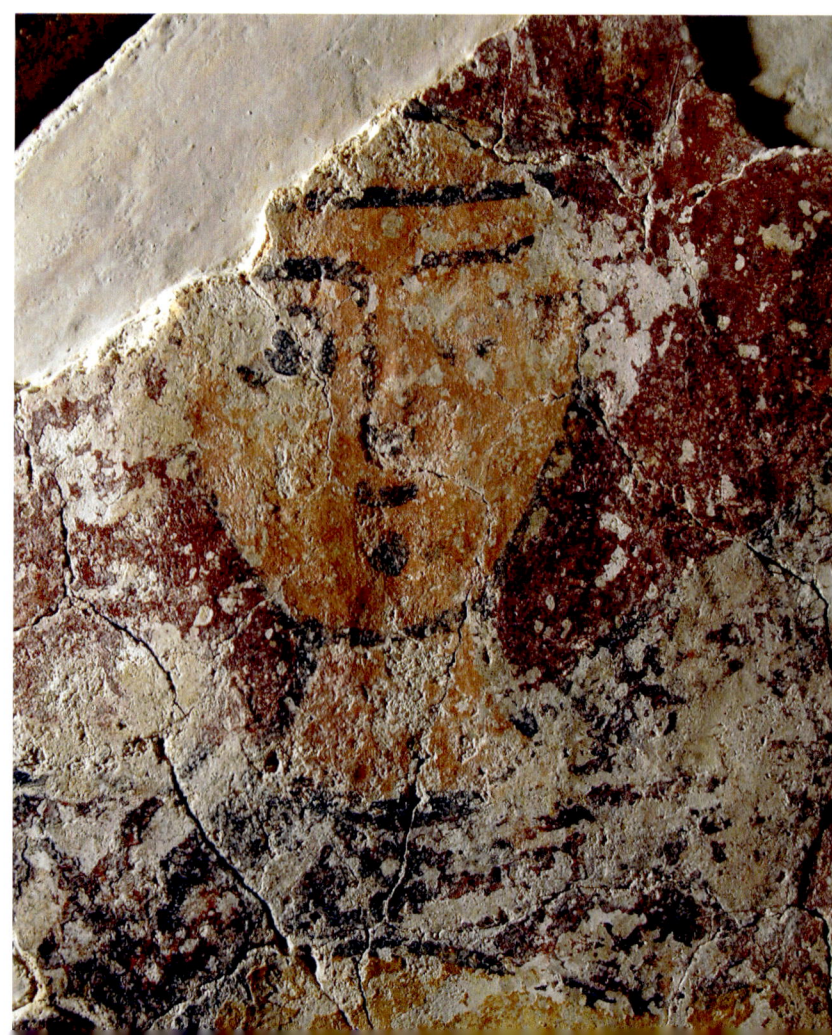

Es la primera vez que los frescos de San Miguel de Liño se descubren a un investigador y son objeto de un inicial estudio. Años más tarde, en 1917, Aurelio de Llano publicará por primera vez las representaciones pictóricas encontradas en Liño; son unos esquemáticos dibujos en color de los frescos. Después, hay que esperar a los estudios de Helmut Schlunk y Magín Berenguer en la década de los cincuenta para acercarse con

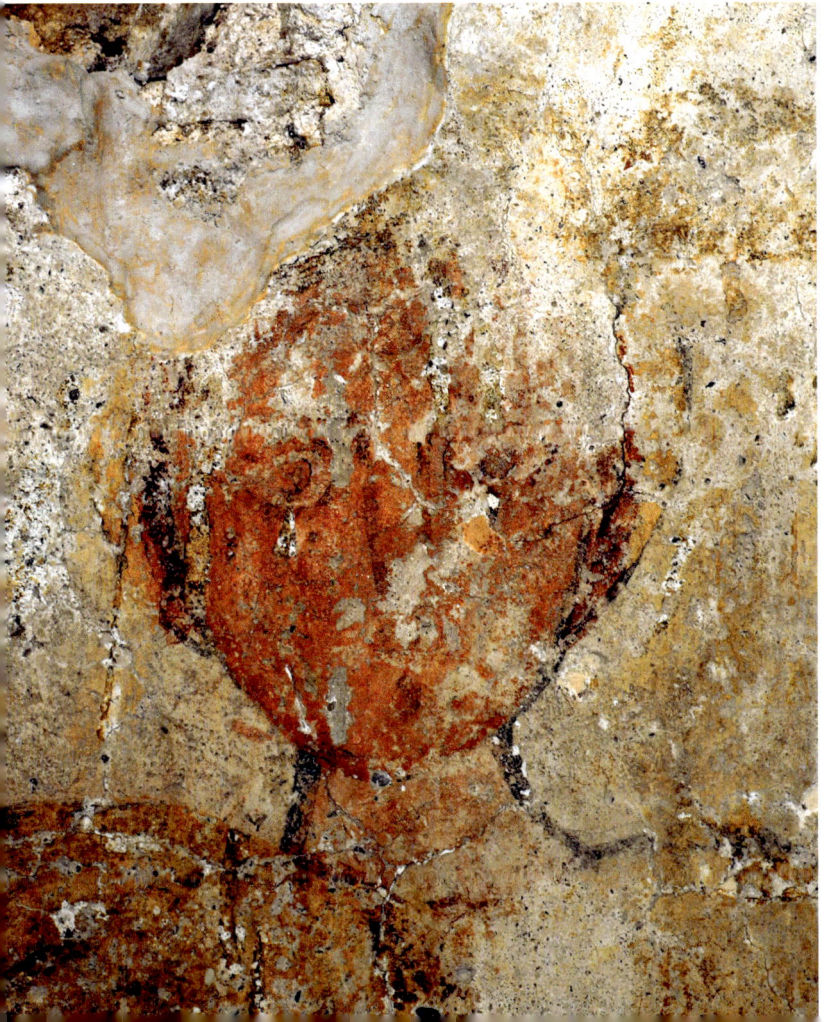

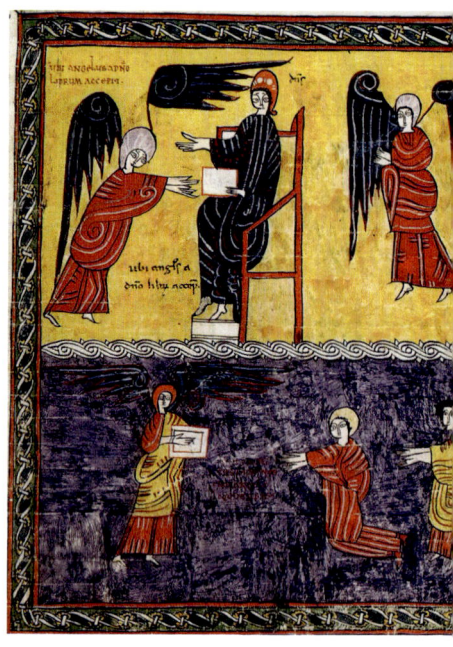

rigor a una documentación e investigación pormenorizada de la pintura mural asturiana.

El interés de la pintura mural conservada en esta iglesia se encuentra precisamente en que por primera vez en el arte asturiano se representa la figura humana en un fresco; aunque, lamentablemente, los restos conservados se hallan en avanzado estado de deterioro.

Los restos pictóricos de las figuras conservadas en el templo de Liño se reducen a tres, situados todos ellos en la nave lateral sur. En este lienzo se encuentran los restos de un fresco en el que se identifica una figura sentada en un trono con su cabeza de forma ovalada en posición frontal. Su rostro es de color rojo, con los ojos almendrados. La boca está representada por una tenue línea negra. El trono tiene un alto respaldo rematado por un círculo. Próxima a esta figura, en el lado derecho de la imagen, observamos otra figura mucho más pequeña, en posición de perfil. La cabeza es apenas reconocible suficientemente y tiene extendidas las manos hacia la izquierda del cuadro escénico. Los pies están también dibujados de perfil y debajo de ellos se representan unos arbustos compuestos por diversas ramas en las que se observan con detalle remates de hojas. La composición está delimitada por un cierre de cuadrados, en cuyo interior destaca una roseta cruzada por diagonales.

Arriba, pasaje de la Revelación de Dios a Juan. Códice del Apocalipsis *de Beato de Liébana* Beato de la Seo de Urgel, *fol 16 r*

En la página siguiente, fresco del lienzo sur con la representación de una figura entronizada en actitud de ofrecer un libro a una figura no conservada situada a su izquierda. A la derecha (para el observador) una figura en actitud oferente con las manos extendidas hacia el trono.

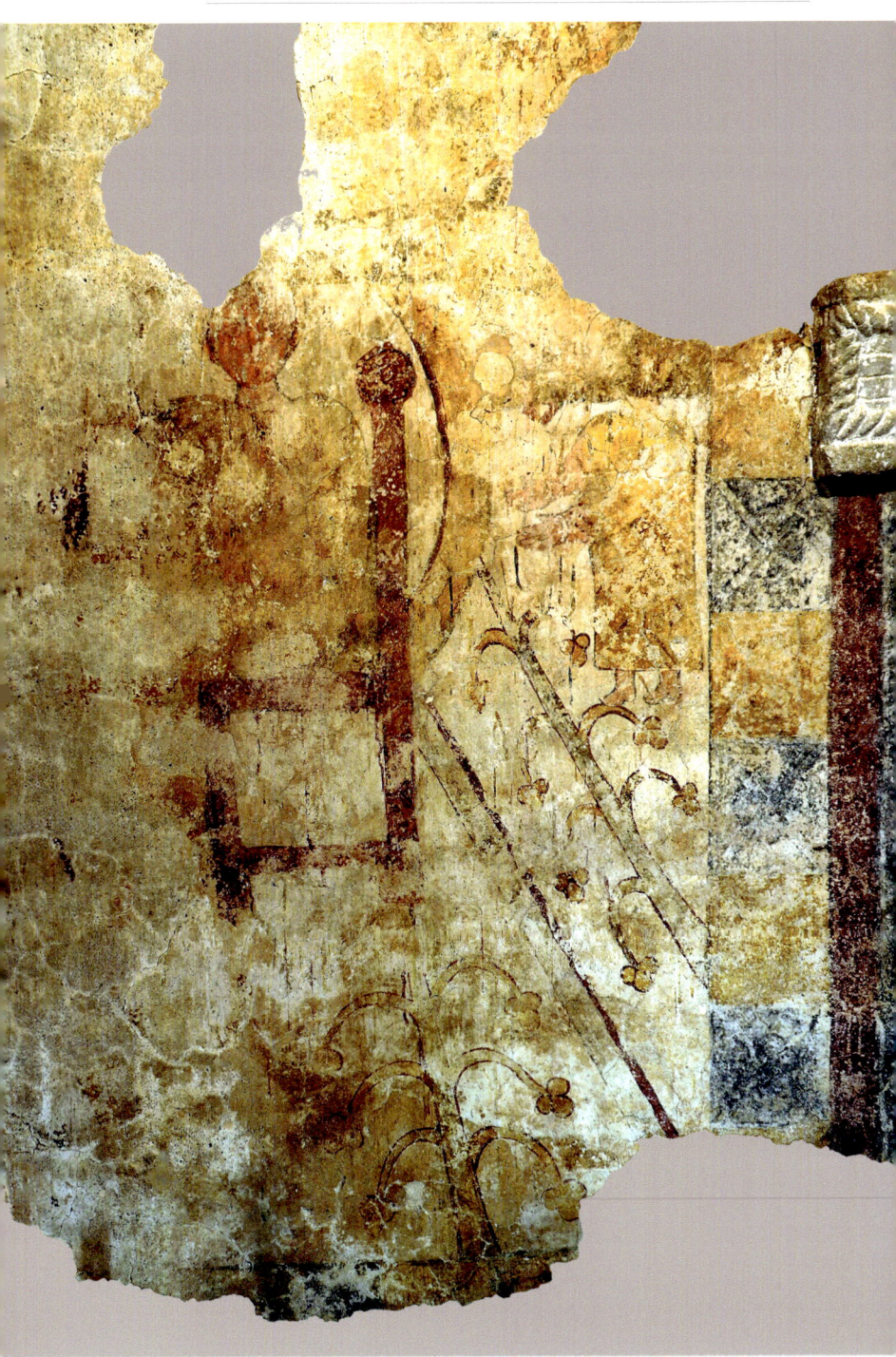

La representación del personaje tañendo un instrumento musical según una fotografía realizada por el Instituto Arqueológico Alemán en los años cincuenta del siglo XX. La fuerza del color es mucho más alta que la conservada en la actualidad. Hay un deterioro evidente.

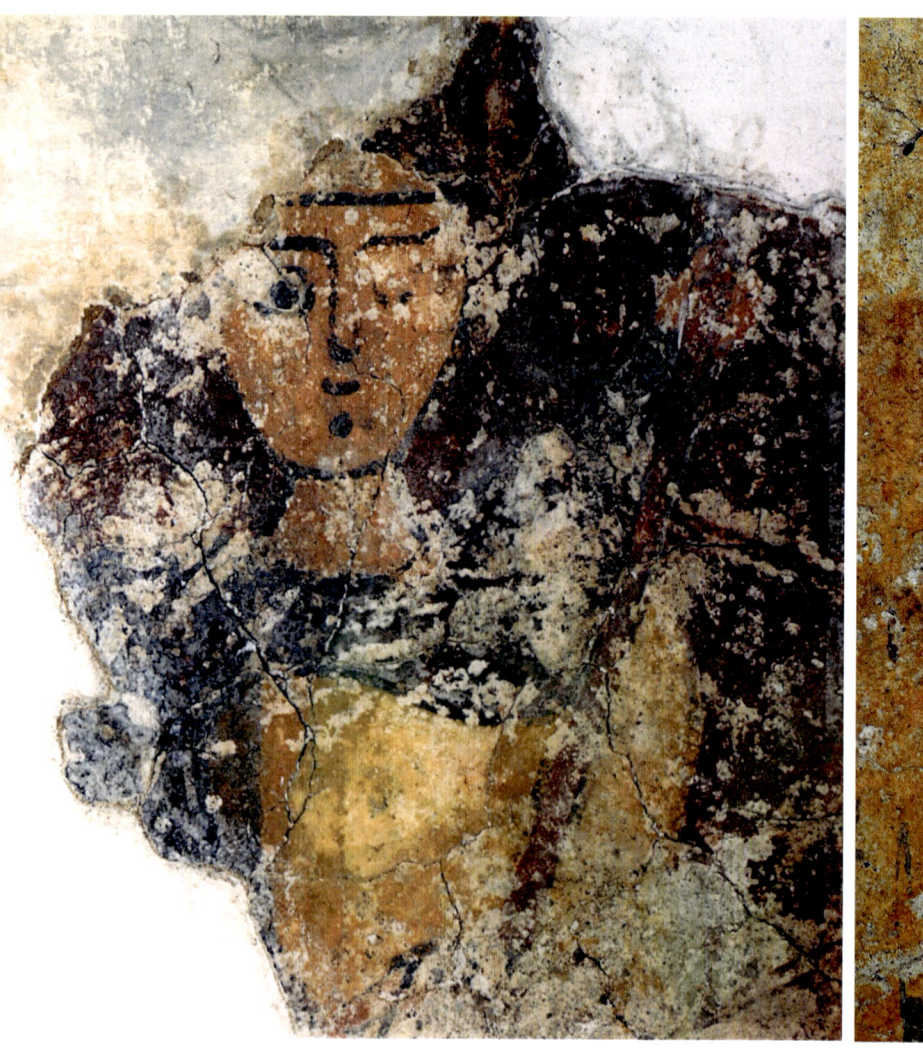

La figura sedente nos ofrece la imagen de Dios en su trono con la característica representación de un arco, expresión arquitectónica de la Jerusalén celestial y unas ramas de árboles con frutos, imagen que remite al paraíso. La visión central

Detalle de las manos extendidas de la figura oferente.

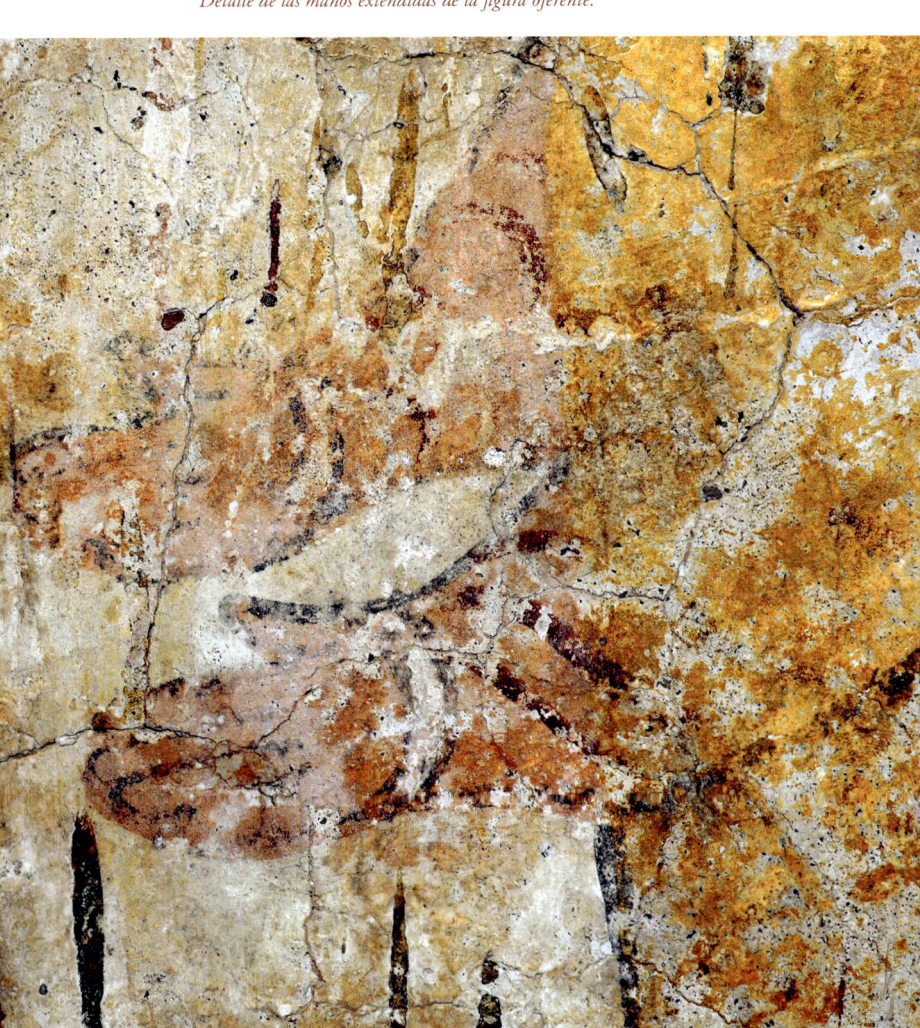

de la figura entronizada en disposición lateral, a excepción de su rostro frontal, ofrece el libro de la Revelación al evangelista Juan. A la derecha de la escena se ha representado una figura con los brazo extendidos.

El círculo que envuelve a Dios en su trono, está definido al modo tradicional de las miniaturas del códice del *Comentario al Apocalipsis* de Beato de Liébana; así en el arco de herradura que arranca del suelo en escenas como el Templo abierto (Apocalípsis 159 5 B). Estas pinturas enlazan perfectamente con las representaciones de las basas de la misma iglesia de Liño, con los evangelistas acogidos bajo arcuación triple, mostrándonos el mandato de Dios para que escriban el Evangelio.

Frescos de la bóveda central.

En la pared oriental de esta misma nave sur, y a unos 6 m del suelo, se conserva la figura de un personaje con rostro ovalado. Una fina cinta rodea su frente y sus ovalados ojos están representados por un círculo negro. La figura tañe un instrumento musical, quizás un laúd de mástil largo. El motivo nos remite a las figuras que tañen el laúd representadas en las escenas de la Adoración del Cordero en los códices del Beato, como en el de San Miguel de Escalada (siglo X), o en el *Beato de San Millán de la Cogolla* (siglo X).

Detalle del motivo de cuadrado con flor octopétala de la bóveda de la nave sur.

Los frescos de la bóveda central, al igual que los de las naves laterales, permiten establecer una plena similitud de estilo con las pinturas de Santullano. Influencias que posteriormente se extenderán a otras iglesias prerrománicas asturianas.

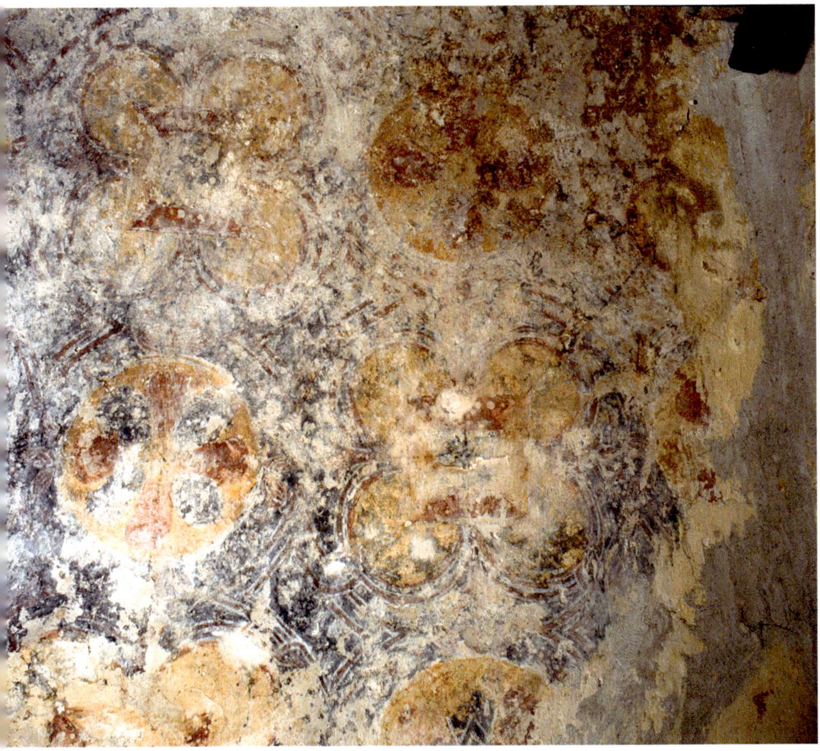

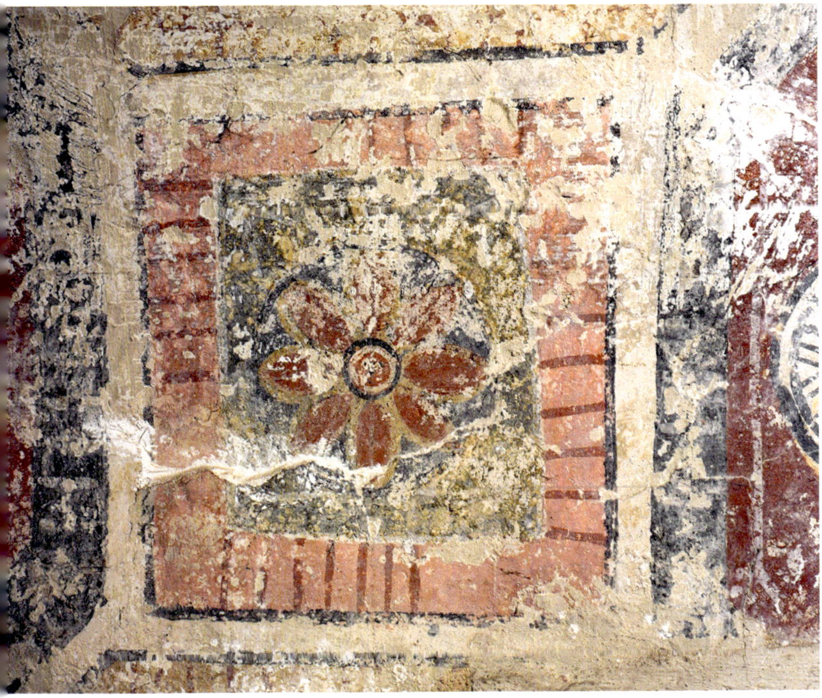

El estado actual de la iglesia de San Miguel de Liño conserva suficientes elementos arquitectónicos que permiten, con un buen grado de fiabilidad, reconstruir la configuración arquitectónica original de la iglesia. El testigo actual del primer intercolumnio de la arquería, así como el correspondiente tramo alto abovedado conservado de la nave central es de una importancia fundamental.

Los dos tramos de arcuaciones de sus naves tendrían cinco intercolumnios. Su longitud está contrastada por las excavaciones del Instituto Arqueológico Alemán y donde se encontraría la zanja de cimentación del muro oriental de la cabecera tripartita, situada a 19'70 m, es decir, a 60 *pedes* de la pared exterior occidental.

Planta con la reconstitución del sector oriental derruido.

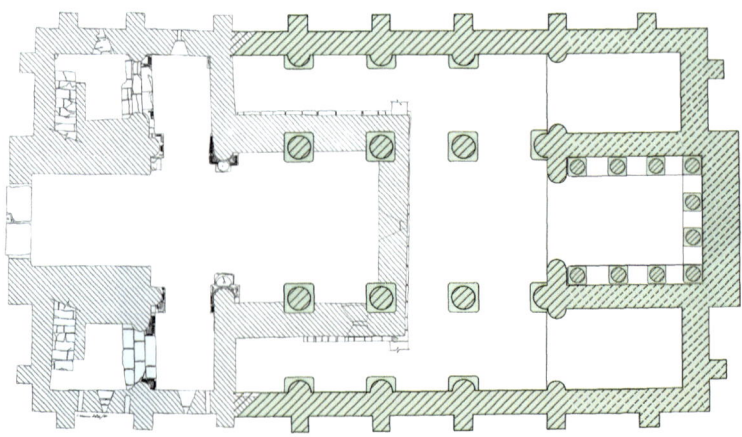

Reconstrucción de la iglesia de Liño con indicación de la
metrología y modulación aplicada.

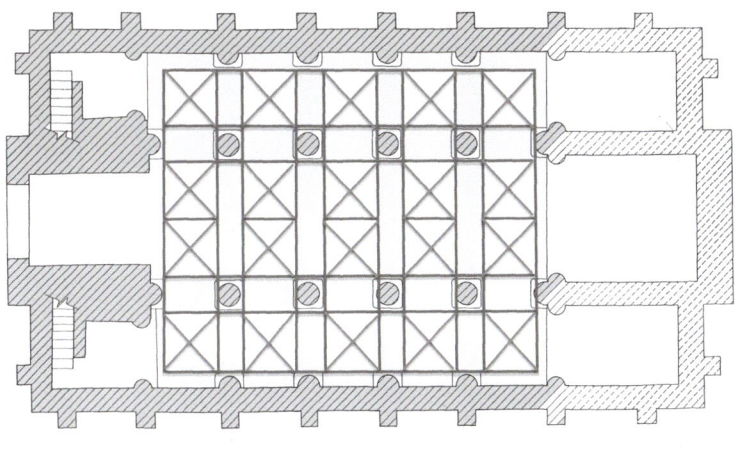

Reconstrucción volumétrica de la iglesia de Liño de
acuerdo con las medidas y proporciones deducidas
del tramo occidental conservado.

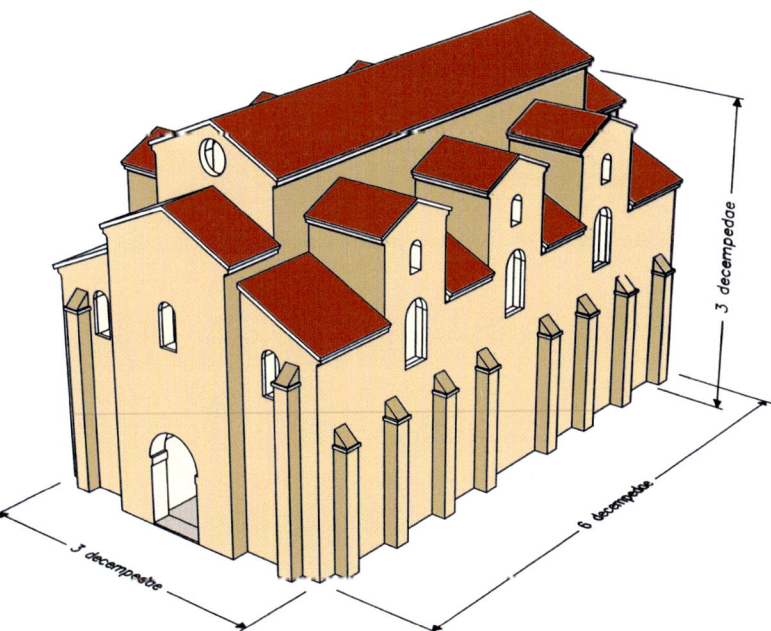

Liño según Lorenzo Arias

Basándonos en criterios de modulación y proporción realizamos una reconstitución en la cual la longitud de la nave central original tendría 10'41 m, disponiendo de dos arquerías integradas por cinco intercolumnios, con unas medidas deducidas del primer intercolumnio conservado en ambas arcuaciones.

En la figura adjunta hemos reflejado la organización geométrico-proporcional de la planta, cuyo fundamento básico radica en el cuadrado que forma el intercolumnio con el ancho de las naves central y laterales. Este cuadrado define con precisión la exacta posición de las columnas en el espacio. Se obtiene, a su vez, una figura cuadrangular del espacio que conforma el conjunto de la longitud y anchura de las tres naves con un dimensionado de 10 x 10 m. El esquema geométrico se introduce de lleno en la distribución arquitectónica del edificio modulando de forma proporcional tanto el tramo tripartito del pórtico occidental como la cabecera tripartita. Así, la longitud total de la iglesia sería de 60 *pedes* (½ actus) y el ancho de la iglesia el actual de 30 *pedes,* es decir 10 m; la figura del doble cuadrado.

Planta de las excavaciones del instituto Arqueológico Alemás realizadas en 1989-1990.

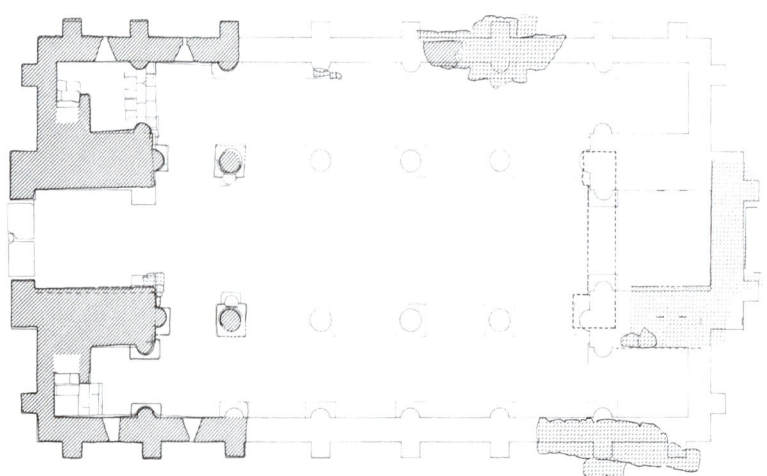

Plano de las excavaciones realizadas
por Aurelio de Llano en 1917.

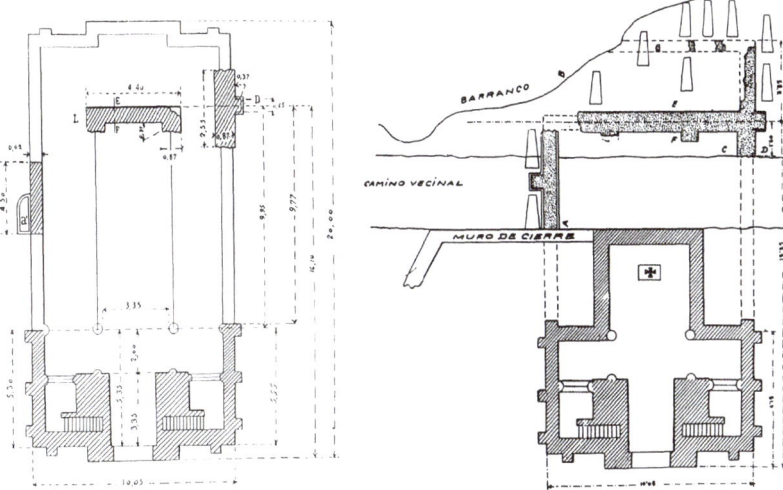

Reconstrucción en perspectiva
interior de la iglesia de Liño con
indicación de la metrología y
modulación aplicada.

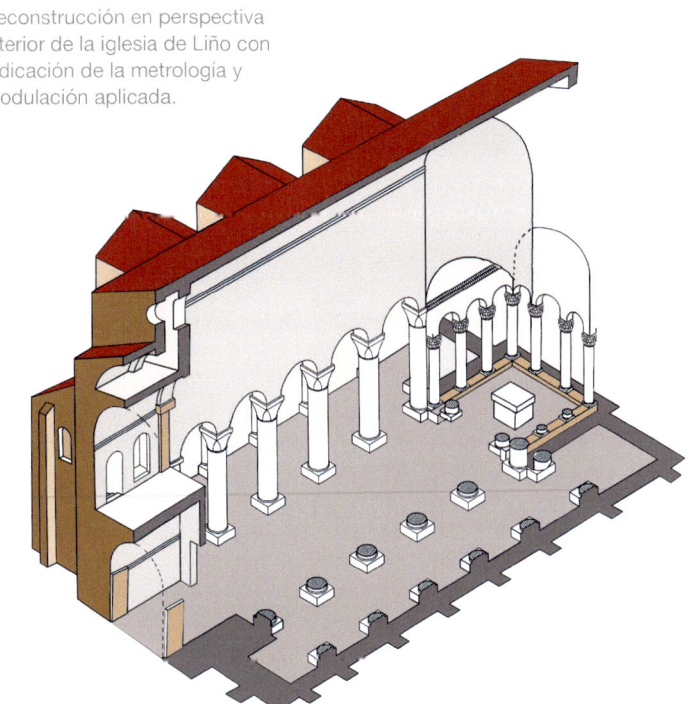

Sección longitudinal
hacia el norte.

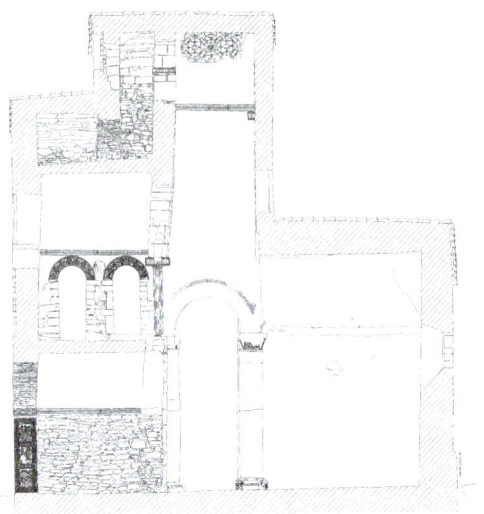

Sección transversal
hacia el oeste.

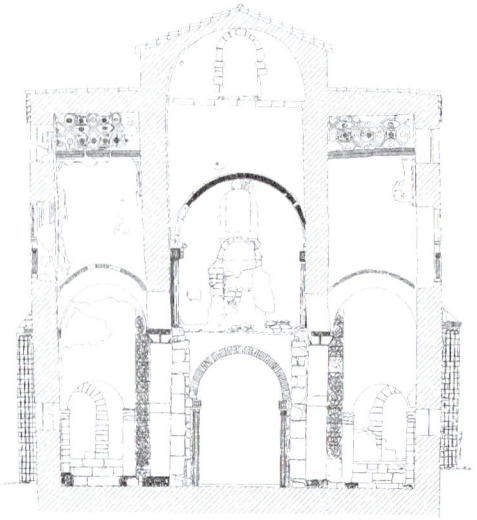

Alzado
occidental.

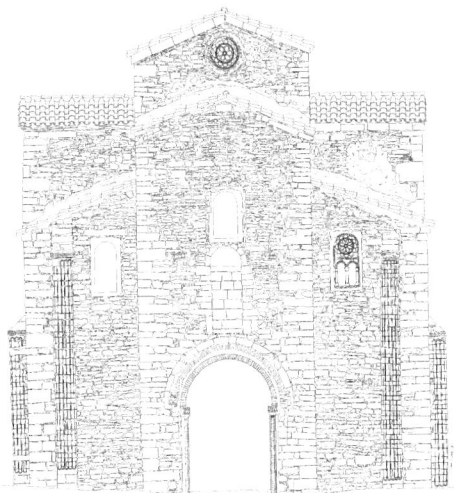

Alzado
norte.

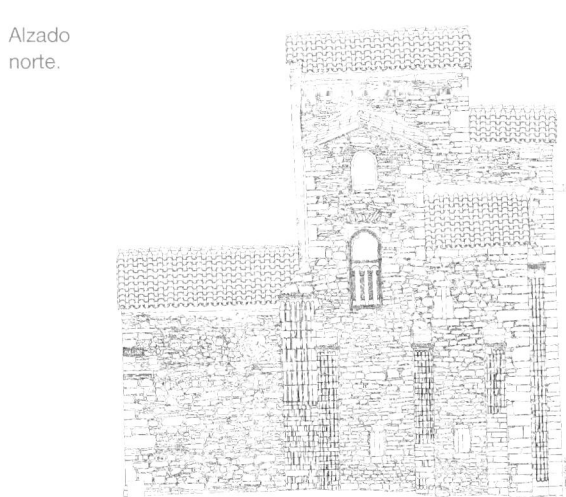

Información práctica

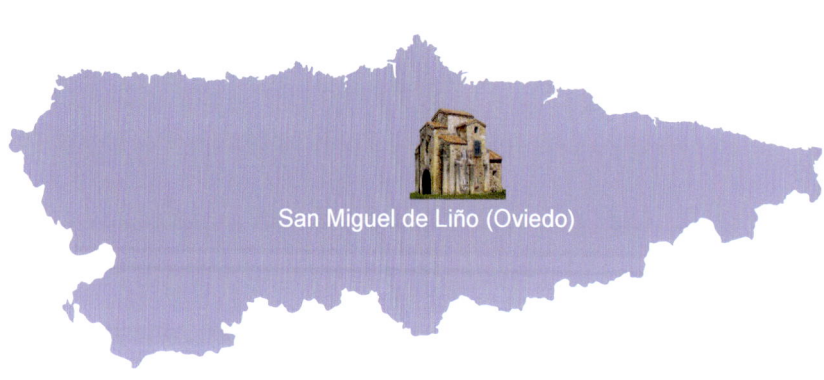

San Miguel de Liño (Oviedo)

 ## CÓMO LLEGAR

La visita a San Miguel va unida a la de Santa María; los dos monumentos forman un conjunto ubicado en la ladera sur del monte Naranco, cordal montañoso que respalda la ciudad por su lado norte. Ambos edificios están a mitad de la ladera y son visibles desde varios puntos de la ciudad. Desde el centro urbano podemos realizar la ascensión a pie o bien usar el autobús urbano de la ruta 10. Si partimos del casco antiguo, los barrios de Vallobín o Ciudad Naranco, que están detrás de la estación central de ferrocarril, dan acceso a la carretera que sube a la montaña. Hay unos escasos 4 km hasta llegar; en las glorietas y cruces hay señalización abundante que nos va orientando en la ruta a seguir. Un aparcamiento bien señalizado y con sombra va a permitirnos dejar el coche y acceder por un sendero al lugar de Naranco. En el edificio de las antiguas escuelas está el centro de recepción e interpretación y unos metros más arriba se encuentran los dos monumentos. Podemos subir a San Miguel directamente por un caminito; pero si visitamos primero el palacio, Liño está a 200 metros escasos por carretera, a mano izquierda de una gran vuelta de ésta. Ha de tenerse precaución porque apenas hay arcén.

ⓘ HORARIOS DE VISITA Y SERVICIO DE GUÍAS

La visita guiada se realiza a los dos monumentos empezando por Santa María y siguiendo por San Miguel. El horario tiene dos períodos en el año: desde el primero de abril hasta el 30 de septiembre, de martes a sábado, de 9:30 a 13:00 y de 15:30 a 19:00; domingos y lunes, solo por la mañana. De octubre a mayo, martes a sábado, de 10:00 a 12:30 y de 15:00 a 16:30, domingos y lunes, solo por la mañana. El precio de la visita es de 3 € para adultos y 2 € pa los niños entre ocho y catorce años; se paga 1 € menos si se va en grupos organizados de más de veinte personas con visita concertada. Los lunes la entrada es gratuita, pero sin guía. El teléfono de la parroquia es el 985 29 56 85 y el de la guardesa el 676 03 20 87.

QUÉ VISITAR EN EL ENTORNO

Liño es el nombre tradicional de la parroquia, que incluye los lugares de Les Campes, El Carbayón, La Contriz, Llampaya, El Llano, Ules y Villarmosén. En la documentación aparece citado el lugar como *Linio* y el origen de su poblamiento habría que buscarlo en una villa rural de la tardorromanidad. La denominación es posible que provenga de un antropónimo, un propietario Linius, que le daría nombre.

En el centro de recepción e interpretación del prerrománico pueden verse paneles explicativos y algunas maquetas que reproducen alguno de los monumentos del arte de la monarquía asturiana. Se accede gratuitamente. Los horarios cambian según la época del año: de primeros de junio a fines de septiembre, lunes, miércoles, jueves y viernes, de 10:00 a 13:30 y de 16:00 a 19:30; sábados, domingos y festivos de 10:00 a 14:00 y de 16:00 a 20:00; de octubre a mayo, los lunes, miércoles, jueves y viernes, de 11:00 a 13:30 y de 16:00 a 18:00 y de 11:00 a 14:00 y de 16:00 a 18:300. Los martes está cerrado todo el año. El teléfono es 985 11 49 01.

Muy cerca de la iglesia se extienden las instalaciones del Centro Asturiano, un club ligado significativamente a la ciudad. Sus instalaciones son muy visibles desde muchos sitios de Oviedo y abarcan una extensión de 400.000 metros cuadrados. Su origen se explica desde la emigración a América, un fenómeno de gran trascendencia histórica y cultural en Asturias. El importante Centro Asturiano de La Habana fundó en 1929 un sanatorio para acoger a los retornados de la emigración sin fortuna. La guerra civil trajo

Información práctica

destrucción y época de crisis al centro. La revolución cubana supuso otro hecho trascendente, pues al incautarse del centro originario la entidad sufre otra crisis. Una redefinición en los años 70 lo convierte en centro social y se inician obras importantes, van añadiéndose canchas de tenis, de fútbol, piscinas, boleras asturianas, etc.

Desde la iglesia hay 3 km hasta la cumbre del monte. Arriba nos encontramos un gran área recreativa y de esparcimiento; y en lo más alto, en el Picu'l Paisano, la estatua del Sagrado Corazón; la vista abarca varios municipios, L'Aramo, la cordillera Cantábrica, los Picos de Europa y hacia el norte el mar. Todo el cordal tiene en realidad cosas interesantes y está lleno de historia. Hay catalogados castros, con lo que es zona de poblamiento primitivo constatado. Es probable que una *villa* diese origen al conjunto de construcciones palaciegas de la época de la monarquía astur. Del poblamiento tradicional asturiano se conservan todavía ejemplos, que sobreviven por los distintos lugares de la zona, entre un urbanismo que va haciendo proliferar chalets y edificios nuevos, especialmente en la parte baja de las laderas.

A kilómetro y medio aproximadamente del aparcamiento se encuentra el lugar de Ules, uno de los sitios de donde se captaba agua para la ciudad con la traída de la segunda mitad del XIX; en la entrada hay un depósito que todavía cumple esa función. Hay un bar, una pequeña área recreativa y una capillita. Más abajo, Paniceres, ya está integrado dentro de la zona urbana; por aquí pasa el camino primitivo rumbo a Santiago por la ruta del interior de la Asturies occidental; hubo malatería, de la que el lugar solo conserva la advocación de San Lázaro.

⚷⚞ DÓNDE COMER Y DORMIR

Habiendo tiempo, lo más recomendable es disfrutar del entorno al ritmo del tiempo de los monumentos: una visita tranquila, saboreando parajes dignos de un rey que venía a estar en contacto con la naturaleza, admirar con detalle los monumentos que mandó construir, caminar por las laderas del monte, buscar un rincón que nos agrade y probar la gastronomía asturiana; sus bondades son conocidas, su calidad contrastada, el mayor secreto para elaborarla y paladearla: abandonar la prisa.

Breve glosario terminológico

Ábaco. Aquella pieza situada en la parte superior del capitel.

Ábside. Espacio situado en la cabecera o sector oriental de la iglesia.

Anicónico. Representación, por medio de elementos simbólicos, de un concepto sacro.

Arco toral. Aquél que está situado entre la nave y el presbiterio.

Arco de medio punto. Aquél cuyo trazado está conformado por media circunferencia.

Arquitrabe. Parte inferior de un entablamento que apoya directamente sobre las columnas u otro elemento sustentante.

Arquivolta. Molduras que integran la decoración de la cara frontal de un arco.

Basa. Parte de la columna sobre la que descansa el fuste.

Bóveda. Estructura arqueada comprendida entre muros o arquerías compuestos por pilares o columnas.

Bóveda de cañón. Aquella que se forma al desplazar un arco de medio punto en dirección de su eje longitudinal.

Cancel. *Cancellum*. Balaustrada que separa los espacios del presbiterio o coro de la nave de la iglesia.

Capitel. Elemento superior colocado sobre el fuste de una columna. Suele estar profusamente decorado y, según los órdenes, ornamentado de diversas formas.

Capitel corintio. Aquél que conserva como motivos decorativos hojas menudas y una elaborada talla a base de trépano.

Capitel entrego. Aquél que tiene parte del mismo empotrado en el muro con la función de actuar como soporte de un arco.

Celosía. Panel o paramento de piedra calada utilizado en el cierre de vanos que permite tamizar la luz filtrada al interior de una estancia.

Claristorio. En el interior de la iglesia tramo superior de los muros de la nave sobre el cual se disponen los vanos de entrada de la luz.

Clípeo. Pieza de material pétreo con forma de medallón circular tallado con variados motivos decorativos que se coloca en el muro o pared.

Columna. Soporte de sección circular que consta de tres partes fundamentales: basa, fuste y capitel.

Columna entrega. Aquella que está adherida al muro o pilar.

Columna exenta. Aquella que está aislada.

Contrafuerte. Estribo. Construcción integrada por sillares adosada al muro exterior con funciones de contrarresto y refuerzo de los empujes de las bóvedas.

Coro. *Chorus*. Espacio del templo destinado al canto de los clérigos. Se ubica entre el presbiterio y la nave central.

Dovela. Piezas en forma de cuña dispuestas en forma radial que conforman un arco.

Enjuta. Espacio existente entre dos arcos.

Enlucido. Revestimiento de un paramento o pared con mortero de cal y yeso con el fin de conseguir una superficie lisa.

Estuco. Masa compuesta por una mezcla de cal apagada, mármol pulverizado, alabastro o yeso utilizada en la cubrición y enlucido de las paredes previo a la aplicación de la capa de pintura.

Fuste. Elemento vertical de la columna comprendido entre la basa y el capitel. Constituye el pie derecho de la columna y actúa como soporte.

Iconostasio. Estructura formada por canceles que separa el presbiterio de la nave de la iglesia.

Imposta. Moldura en resalte sobre la que descansa un arco o bóveda.

Intradós. Superficie interior de un arco.

Jamba. Cada uno de los elementos verticales que sostienen el arco o dintel en un vano.

Ménsula. Pequeña pieza decorada con rollos o volutas que sobresale del muro y cuya función es soportar los empujes del voladizo.

Opus signinum. Pavimento conformado por argamasa, fragmentos de mármol y teselas y polvo de ladrillo mezclados con cal. Su superficie adquiere un acabado firme e impermeable de tonalidad rojiza.

Pilastra. Pilar o columna de sección cuadrada o rectangular que sobresale del muro.

Rosetón. Vano o ventana circular en piedra calada.

Sillar. Piedra de sección rectangular con forma de paralelepípedo utilizada en la construcción de muros.

Sillarejo. Sillar de dimensiones más reducidas, toscamente labrado.

Sillares a soga y tizón. Disposición del aparejo al exterior caracterizado por alternar hiladas de sillares por sus caras longitudinales con sillares por sus caras menores o transversales.

Tablero de cancel. Placa de piedra cuya función litúrgica es la de separar el presbiterio de la nave.

Tegulae. Teja. Pieza de barro cocido de forma plana y reborde externo en sus lados mayores para permitir su encaje e imbricación con las tejas contiguas.

Testero. Cabecera. Parte principal del templo donde se encuentra el altar.

Tímpano. Espacio interior de un frontón.

Transepto. Nave perpendicular a la nave central del templo.

Ventana ajimezada. Vano dividido en su centro por una columnilla formando dos huecos gemelos rematados por sendos arcos.

Ventana trífora. Vano dividido en tres huecos separados por columnillas y formando tres ventanas rematadas por sendos arcos.

Síntesis bibliográfica

ARBEITER, A. y NOACK-HALEY, S.: *Hispania Antiqua. Cristliche Denkmäler der frühen Mitelalters. Von 8, bis ins 11.* Jahrhundert. Mainz, 1999.

ARIAS PÁRAMO, LORENZO. *Palacio de Santa María del Naranco. Iglesia de San Miguel de Liño. Dibujos del Estudio planimétrico,* 1988.

ARIAS PÁRAMO, LORENZO. *Prerrománico Asturiano. Arte de la Monarquía Asturiana,* 1993 (2ª edición 1999; 3ª edc. 2009.

ARIAS PÁRAMO, LORENZO. *Prerrománico Asturiano. Diez años como Patrimonio de la Humanidad,* 1995.

ARIAS PÁRAMO, LORENZO. *La pintura mural en el Reino de Asturias en los siglos IX y X,* 1999.

ARIAS PÁRAMO, LORENZO. *Las influencias islámicas en la iconografía de la pintura mural asturiana de los siglos IX y X. El ejemplo de la figura del músico de San Miguel de Liño.* Discurso de ingreso como miembro de número permanente del Real Instituto de Estudios Asturianos. Contestación por el Ilmo. Sr. Don Juan José Tuñón Académico de Número RIDEA. RIDEA, Oviedo 2017. ISBN 978-84-946812-1-9

Arias Páramo, Lorenzo. "Fundamentos geométricos, metrológicos y sistemas de proporción en la Arquitectura Altomedieval Asturiana" en: *Archivo Español de Arqueología, Volumen 74, nº183-184*, 2001, pp.233 a 280.

Arias Páramo, Lorenzo, "Reconstrucción de la Iglesia de San Miguel de Liño". *LIÑO Revista Anual de Historia del Arte*, 2005, pp. 9-47.

Arias Páramo, L., *Geometría, proporción y metrología en el Arte Altomedieval Asturiano (Siglos VIII-X)*. Anejos de Archivo español de Arqueología. Consejo Superior de Investigaciones Científicas e Instituto Arqueológico Alemán, Madrid, 2009.

Arias Páramo, Lorenzo. (Autor y Coordinador) *Enciclopedia del Prerrománico en Asturias*, 2 Vols., Aguilar de Campoo: Fundación de Santa María la Real de Aguilar de Campoo. 2007.

Arias Páramo, Lorenzo. *Metrología y praxis constructiva en la arquitectura altomedieval hispana (ss. VIII–X)*. Madrider Mitteilungen 63, Madrid 2022. pp. 445-510

Bango Torviso, I., *Arte prerrománico hispano. El arte en la España cristiana de los siglos VI al XI. Summa Artis*. Vol. VIII-II. Madrid, 2001.

Berenguer, M., *La pintura mural prerrománica en Asturias*, 1966.

Berenguer, M., *Puntualizaciones sobre los edificios ramirenses del Naranco (Oviedo), Anuario de Estudios medievales 8*, 1972-73, pp. 395-403.

Caballero Zoreda, L. (coord.), "La iglesia de San Miguel de Lillo (Asturias). Lectura de paramentos". *Territorio, Sociedad y poder, Revista de Estudios Medievales*, 2007.

Cid Priego, C., *El arte prerrománico de la monarquía asturiana*, 1995.

Estudios sobre la Monarquía Asturiana. Colección de trabajos realizados con motivo del XI Centenario de Alfonso II el Casto, celebrado en 1942. Oviedo, 1949.

García de Castro Valdés, C., "Arqueología cristiana de la alta edad media en Asturias", Oviedo, 1995.

García de Castro Valdés, César: "La escultura en el área central del Reino de Asturias: tipos, tradiciones y tendencias. Anejos de *AEspA* XLI, 2006, pp. 85-132.

García de Castro Valdés, C., "San Miguel de Lillo, Campaña de excavaciones arqueológicas 1991. Estratigrafía y estructuras", en, *Boletín del Real Instituto de Estudios Asturianos*, Año nº 49, Nº 145, 1995, pp. 111-158

García de Castro Valdés, C. y Ríos González, S., *Introducción a la arquitectura en Asturias en los siglos VIII-X*, Gijón, 1996.

García Cuetos, M. P., "La restauración del Patrimonio asturiano en la primera mitad del siglo XX", *La intervención en la Arquitectura Prerrománica Asturiana*, 1996, pp. 97-119.

Gil Fernández, J., Moralejo, J.L., Ruiz de la Peña, J. I., *Crónicas Asturianas*, Oviedo, 1985.

Gil López, J. M. y Marín Valdés, E. A., *Santa María de Naranco. San Miguel de Lillo*, 1988.

González García, V. J., *La iglesia de San Miguel de Lillo (apuntes para su reconstrucción)*, 1974.

Hauschild, T., "Informe preliminar sobre las excavaciones en la iglesia de San Miguel de Liño", en: *EAA 1987-90*, 1992, pp. 171-177.

Jorge Aragoneses, M., El altar de Santa María de Naranco. Notas para la restauración de su podio, *BAsturias 7*, 1953, pp. 3-31.

Lampérez y Romea, V., La iglesia de San Miguel de Linio, en: *Asturias, BAcHist 70*, 1917, pp. 113-117.

Lampérez y Romea, V., *La iglesia de San Miguel de Lillo*, en Oviedo, BAcHist 71, 1917, pp. 105-110.

Llano, A. de., *La iglesia de San Miguel de Lillo*, 1917; ed.1982.

Manzanares Rodríguez, J., *Arte prerrománico asturiano. Síntesis de su arquitectura*, 1957, pp. 145-179.

Menéndez-Pidal, L., *Los monumentos de Asturias: su aprecio y restauración desde el pasado siglo*, 1954.

Noack-Haley, S. y Arbeiter, A., *Asturische Königsbauten des 9. Jahrhunderts*, Mainz, 1994.

Schlunk, H., Arte asturiano, en: *Ars Hispaniae 11*, 1947, pp. 325-416.

Schlunk, H., *La decoración de los monumentos ramirenses*, BAsturias 2 Nr. 5, 1948, pp. 55-94.

Schlunk, H. y Berenguer, M., *La pintura mural asturiana de los siglos IX y X*, 1957.